LA BIBLIA DE LOS BATIDOS SALUDABLES

Si este libro le ha interesado y desea que lo mantengamos
informado de nuestras publicaciones, puede escribirnos a
comunicacion@editorialsirio.com,
o bien suscribirse a nuestro boletín de novedades en:
www.editorialsirio.com

Título original: THE HEALTHY SMOOTHIE BIBLE
Traducido del inglés por Julia Fernández Treviño
Diseño de portada: Editorial Sirio, S.A.

©   de la edición original
     2014 Farnoosh Brock

     Todos los derechos reservados. La presente edición se ha publicado según acuerdo con
     Skyhorse Publishing Inc.

©   de las imágenes
     Thinkstock

©   de la presente edición
     EDITORIAL SIRIO, S.A.

EDITORIAL SIRIO, S.A.
C/ Rosa de los Vientos, 64
Pol. Ind. El Viso
29006-Málaga
España

NIRVANA LIBROS S.A. DE C.V.
Camino a Minas, 501
Bodega nº 8,
Col. Lomas de Becerra
Del.: Alvaro Obregón
México D.F., 01280

DISTRIBUCIONES DEL FUTURO
Paseo Colón 221, piso 6
C1063ACC
Buenos Aires
(Argentina)

www.editorialsirio.com
sirio@editorialsirio.com

I.S.B.N.: 978-84-16579-58-7
Depósito Legal: MA-656-2016

Impreso en Imagraf Impresores, S. A.
c/ Nabucco, 14 D - Pol. Alameda
29006 - Málaga

Impreso en España

Puedes seguirnos en Facebook, Twitter, YouTube e Instagram.

FARNOOSH BROCK

LA BIBLIA DE LOS BATIDOS SALUDABLES

EDITORIAL SIRIO

*Para todos los que buscan la salud y la
sanación a través de la Madre Naturaleza.*

AGRADECIMIENTOS

Me propuse escribir este libro con el objetivo de enseñarte a preparar batidos sanos y deliciosos.

La comida y la nutrición pueden llegar a ser complicadas. Yo prefiero lo simple. Simple significa que sea fácil de preparar y que se pueda integrar en un estilo de vida ajetreado. Y si lo simple funciona, ¿para qué complicar las cosas?

Los batidos son algo simple. No tienes que comprar los ingredientes en herbolarios o tiendas de comida sana, ni tampoco es necesario que los productos sean orgánicos y se cultiven cerca de donde vives. Eso sería ideal, pero resulta muy caro y requiere más tiempo de planificación, por lo que será más difícil que el hábito se convierta en tu estilo de vida. Y yo quiero ayudarte a que te acostumbres a beber batidos saludables utilizando los ingredientes que tienes a mano en la cocina y con un gasto razonable.

Me siento muy afortunada por haber contado con el apoyo de mis amigos, de mi familia y también de los amantes de los batidos saludables para escribir este libro. En primer lugar, quiero agradecer a mi marido, mi mejor amigo y mi socio, Andy Brock, por ayudarme a seguir mi camino y crear las mejores recetas, y también por acompañarme a un certamen de cata de batidos para que pudiera ordenar mis propias recetas. Quiero dar las gracias a mis padres y a mis suegros por apoyarme para que pudiera cumplir con mi objetivo de ayudarte a recuperar la salud y la armonía con alimentos naturales. Estoy muy contenta porque varias empresas tuvieron la generosidad de enviarme muestras de sus productos para que los probara. Antes del índice final se incluye una lista completa de dichas empresas. También quiero agradecer muy especialmente a todas las personas que han contribuido con sus propias recetas: Joshua Waldman, Hollie Jeakins, Rob Cooper,

Leslie Broberg, Vickie Velásquez, Adrienne Jurado, Tracy Russell, Jen Hansard, Jadah Sellner, Katherine Natalia y Jennifer Thompson. Todos ellos me hicieron conocer sus recetas favoritas y además han compartido los motivos por los que comenzaron a beber batidos saludables con el propósito de inspirarte para que encuentres tu propio camino hacia la salud. Nuestra humilde esperanza es que llegues a experimentarlo por ti mismo. Quizás este libro pueda ayudarte a recuperar la salud y la vitalidad. ¡Dedícate a mezclar y combinar ingredientes para infundir nueva vida a tu cuerpo!

LA MEJOR FORMA DE UTILIZAR ESTE LIBRO

¿Lees este libro porque el tema de los batidos es novedoso o únicamente porque te interesan las recetas?

Si los batidos son algo nuevo para ti, te sugiero que lo leas de principio a fin. Te enseñaré lo fundamental de los batidos, de los ingredientes simples y de algunos más complejos (desde verduras y frutos secos hasta superalimentos, pasando por proteínas en polvo) y te guiaré paso a paso a través del proceso de preparación y elaboración antes de centrarnos de lleno en las recetas. Luego hablaré de cómo utilizar los batidos para limpiar y desintoxicar nuestro organismo y de algunas formas sencillas de conseguir que se conviertan en un hábito cotidiano y duradero.

Si eres un defensor de los batidos y estás leyendo este libro solamente por las recetas, puedes ir directamente a la sección de recetas de la página 121, donde encontrarás ciento ocho recetas de batidos saludables. En el índice de recetas de la página 233 puedes buscarlas por su nombre o por su etiqueta.

A lo largo de estas páginas encontrarás también recetas que me han enviado algunos amantes de los batidos que deseaban compartir su propia forma de preparar un delicioso batido.

Este libro puede servirte de referencia. Como probablemente sabes, es una buena idea alternar las recetas y, muy especialmente, usar diferentes verduras a fin de que tu organismo disponga de una gran variedad de ingredientes para desarrollar la sensibilidad de tus papilas gustativas y obtengas una buena variedad de las vitaminas y los minerales que necesitas. Aunque sea tentador, no te decantes por la misma receta todos los días —no me resulta nada fácil convencer a mi marido cuando se empeña en preparar sus brebajes predilectos—, ya que para potenciar la nutrición general realmente es mucho mejor optar por la variedad. Además, la diversidad de ingredientes te motivará y conseguirás que tu experiencia con los batidos sea un viaje fascinante. Así que recuerda tenerlo en cuenta mientras desarrollas el hábito de beber batidos saludables, un hábito que debería formar parte de tu vida.

INTRODUCCIÓN

Y POR QUÉ EL AMOR ES EL CAMINO HACIA LOS BATIDOS

Cuando la dieta es incorrecta, la medicina no sirve para nada. Cuando la dieta es adecuada, la medicina no es necesaria.

PROVERBIO AYURVÉDICO

Estoy enamorada del color verde en todos sus matices. El verde de las espinacas, de la col, de la acelga y del perejil. El verde de la lima, del apio, del pepino y del pimiento. ¡Simple y totalmente enamorada!

Mi fascinación por las verduras de hojas verdes comenzó en 2007, año al que cariñosa y seriamente sigo llamando el «año gordo» a pesar de que mi familia y mis amigos todavía se ríen cuando me refiero a él en estos términos. El caso es que por motivos que están más allá de mi comprensión, ninguno de ellos admitiría hoy que aquel año yo había engordado considerablemente, mi carácter se había agriado y me sentía muy infeliz.

Si quieres saber la verdad sobre tu salud, te aconsejo que no lo consultes con tu familia ni con tus amigos. Alguna vez alguno de ellos ha respondido sinceramente a la pregunta: «¿Crees que estoy gorda?». Los queremos, eso no lo discute nadie, pero siempre mienten cuando se trata de este tema (aunque lo hagan respaldados por sus buenas intenciones). «¡Cariño, estás estupenda!» es la frase que suelen pronunciar automáticamente y casi sin mirarte. Ellos te quieren de forma incondicional, pero si te preocupa tu salud y quieres sentirte más feliz y energético, eres tú quien tiene que ocuparse de conseguirlo. No te hace ningún bien que alguien te engañe diciéndote que «estás estupendo» cuando tú sabes que te encuentras muy lejos de estar en forma y de que tu salud sea óptima. En esta área de tu vida necesitas la versión brutal de la verdad lo antes posible.

Comienza por buscar las respuestas dentro de ti: ¿qué sensaciones te despierta tu cuerpo?, ¿de cuánta energía dispones para realizar tus actividades diarias? y ¿cómo de satisfecho, o insatisfecho, te sientes en relación contigo mismo, con tu salud y tu bienestar general?

Tú eres tu propia voz de la verdad, y esa es la voz que te sacará del pozo de la tristeza, la enfermedad y la pereza para mejorar tu salud y aumentar tu vitalidad y tu energía. ¡Confía siempre en esa voz!

En cuanto a mí, comencé a dar pequeños pasos en la dirección correcta cuando ya no fui capaz de seguir negando lo mal que me sentía en mi propio cuerpo.

No fue fácil admitir ante mí misma que mi salud se estaba resintiendo, en parte por el nivel de estrés acumulado por el trabajo que realizaba en la empresa que hace ya mucho tiempo abandoné para iniciar mi propio negocio. No fue fácil afrontar el hecho de que había engordado casi diez kilos, lo que era completamente intolerable teniendo en cuenta mi pequeña estructura corporal y mi autodisciplina en lo que se refiere a la salud y al buen estado físico.

Lo peor de todo fue advertir que había negado completamente lo que me estaba sucediendo. De manera que decidí pasar a la acción, pero esta vez no recurrí a mi dieta habitual para perder peso, que solía consistir en pasar horas en el gimnasio, aumentar mi rutina de cardio y comer menos. Todo eso estaba muy bien, pero lo que necesitaba era un cambio radical.

Entonces empecé a prestar atención a mi nutrición para ver si daba con alguna forma revolucionaria de recuperar la salud sin recurrir a las dietas de moda que, por más que lo intentaba, era incapaz de seguir. Necesitaba un cambio permanente de mi estilo de vida, algo que fuera lo suficientemente fácil como para incorporarlo en mi vida cotidiana de forma duradera, y lo suficientemente delicioso y divertido como para que consiguiera enamorarme. Esas eran mis condiciones.

Las dietas son una solución temporal. ¿Cuál es el propósito de ponerse a dieta únicamente durante un determinado periodo de tiempo, seguir un régimen estricto unas pocas semanas? Y luego ¿qué? ¿Qué pasa después de haber conseguido tus objetivos? ¿Volverás a tus viejos hábitos alimentarios e incluso te sentirás culpable?

Siento decirlo, pero no me interesa hacer dietas ni ningún tipo de regímenes estrictos que se basan en contar calorías y que solo duran un periodo de tiempo específico. No te los recomiendo. Tampoco pretendo convencerte de algunos dogmas asociados a la alimentación ni de las ventajas de ciertos productos dietéticos. La salud y la vitalidad consisten en sentirte a gusto con tu cuerpo y tu mente y no en privarte de ciertos alimentos, o restringirlos, para alcanzar un objetivo sobre la balanza.

Cuando empecé a encontrarme fenomenal, me di cuenta de que estaba recuperando la salud, y eso fue lo que me mantuvo en este camino de los alimentos crudos, los zumos verdes y los batidos saludables. Cuantas más veces los preparaba, más sana y

feliz me sentía. Se convirtieron en una revolución para mi salud y mi bienestar, y por eso quiero compartir mi experiencia contigo e inspirarte para que hagas lo mismo. La verdadera salud es un compromiso diario, un estilo de vida, una forma de vivir

que te hace sentir satisfecho y feliz. Y eso es bueno para tu cuerpo.

Mi viaje de retorno a la salud comenzó por los zumos verdes. Ellos fueron mis primeros salvadores. El segundo regalo del cielo, los batidos verdes, llegó poco después. Actualmente, tanto los zumos como los batidos me aportan una potente nutrición y energía en mi vida diaria, además del amor y el cuidado holísticos que no le había ofrecido a mi cuerpo durante mucho tiempo.

Los zumos y los batidos llegaron a mi vida como resultado de mi creciente interés por los alimentos integrales naturales y crudos. Debo confesar una cosa: no soy, ni he sido nunca, una persona que se alimenta exclusivamente de productos crudos, con excepción de un periodo de diecisiete días en el verano de 2012, en el que solo consumí productos crudos y veganos, y un periodo vegano de nueve meses de duración que disfruté enormemente. Por otra parte, no sigo una dieta exclusiva de zumos y batidos; también consumo alimentos sólidos, y me encantan.

Pero lo que sí es cierto es que tomo una gran cantidad de alimentos integrales y crudos cada día. No obstante, debo decir que me resulta mucho más fácil atenerme a mis costumbres saludables cuando no salgo de viaje. Tomo aproximadamente entre un 60 y un 70% de alimentos crudos en las estaciones cálidas y un 40% en los meses de invierno. Cuando viajo, busco bares donde sirvan zumos y batidos y además llevo mi batidora siempre que puedo. En los restaurantes pido ensaladas crudas y compro hortalizas de hojas oscuras y frutas en las tiendas de alimentación locales.

¿Y por qué me interesé por los alimentos crudos? Comencé a leer sobre ellos por pura curiosidad durante mi «año gordo» —en 2007— y me fascinó lo que aprendí sobre el poder curativo y nutricional de las hortalizas de hojas oscuras, las hierbas y las frutas en sus diversas formas (en zumos, en batidos o enteras). Fue entonces cuando comenzó mi relación amorosa con el mundo verde (zumos y batidos verdes). Han pasado muchos años y puedo decir que el amor se fortalece cada día y que ha llegado a mi vida para quedarse.

Los alimentos crudos, los zumos y los batidos han sido responsables no solo de que haya recuperado la salud sino también de la profunda pasión que siento por ellos.

En este libro comparto contigo mi viaje, mi inspiración y mi conocimiento sobre los batidos saludables. En él encontrarás información útil y práctica para iniciarte en el mundo de los deliciosos batidos, y si ya tienes la costumbre de beberlos, podrás aprovechar algunas de las ciento ocho exquisitas recetas que contiene para mejorar tus propios maravillosos brebajes de una forma simple.

Pero, sobre todo, quiero ayudarte a que te enamores perdidamente de los batidos.

La inspiración y la autodisciplina te ayudarán a iniciar este viaje hacia la salud, pero para disfrutar de los beneficios reales de los batidos tienes que desarrollar un hábito duradero y convertirlo en tu estilo de vida. Debes sustituir tus «ansias de chocolate» por un rico batido, y para conseguirlo necesitas amor.

El objetivo es construir un vínculo, una relación estrecha con los batidos para que formen parte de tu vida, como un miembro de tu familia o una mascota a la que adoras, y beberlos por amor y no por obligación.

Pensemos en una tarde deprimente en la que te apetece picar algo. Sabes perfectamente que podrías beber medio litro de un batido verde, pero no es eso lo que te apetece. No conseguirás hacerlo mediante la disciplina ni tampoco te ayudará saber que es muy sano para ti, lo que realmente puede animarte a ingerir un batido saludable es el deseo real de saborearlo y recordar su efecto energizante.

El amor potenciará el hábito de tomar batidos y lo convertirá en tu estilo de vida.

Lo bueno de los batidos es que están a tu alcance. No necesitas revisar y ajustar toda tu dieta para comenzar. Solo tienes que quitarle el polvo a tu vieja batidora, enchufarla y ponerte en movimiento. Vamos a sumergirnos juntos en el divertido y maravilloso mundo de los batidos saludables. Estás aquí. Estás preparado. Y vas a enamorarte.

LA MAGIA DE LOS BATIDOS SALUDABLES

Si no cuidas tu cuerpo, ¿dónde vas a vivir?

AUTOR DESCONOCIDO

Hay muchas cosas que se pueden echar en la batidora y servir luego en un vaso, pero el mero hecho de que se parezca a un batido no significa que sea bueno para ti. Es lo mismo que sucede cuando comparamos una dieta vegetariana o vegana de alimentos sanos con una dieta vegetariana o vegana de comida basura. Algunos dirán que es mejor una dieta vegana basura que una dieta no vegana saludable. No soy una de ellos. Mi mantra no es llevar una dieta exclusivamente vegetariana o vegana, sino producir un cambio sustancial en mi alimentación y consumir productos integrales, crudos, sin procesar y mayoritariamente de origen vegetal. Los batidos saludables son una extensión de esa intención y cuando los bebes de la forma correcta pueden tener un efecto muy positivo sobre tu salud, tu cuerpo y toda tu vida.

La razón más rápida para adoptar los batidos saludables es que son fáciles de preparar y muy eficaces. Solo necesitas una batidora y encontrar una frutería, una tienda de alimentación o un mercado donde puedas comprar frutas y verduras frescas. Y también necesitas algunos conocimientos que aprenderás con la lectura de este libro. ¡Y eso es todo! No tendrás que complicarte la

vida contando calorías ni preparando platos especiales basándote en recetas detalladas, ni encontrar suplementos de moda o batidos en polvo de una marca que te asegura que vas a perder un determinado número de kilos si los consumes.

Los batidos saludables representan un cambio en tu estilo de vida que te afectará plenamente y cambiará tus sensaciones, tu aspecto y tu forma de cuidarte.

A continuación te explico cómo sucede todo esto y, más precisamente, cuáles son los beneficios y lo que puedes esperar de un estilo de vida en el que imperan los batidos saludables.

Redefine tu salud, recupera tu belleza

La salud es como el dinero, no sabemos realmente lo que vale hasta que la perdemos.
JOSH BILLINGS

Una pequeña decisión puede iniciar una transformación total en algunas ocasiones.

Recuerdo que antes de añadir espinacas a mi primer batido verde estaba un poco paranoica. Permanecí un buen rato de pie en la cocina con las espinacas en una mano y tapándome la nariz con la otra, hasta que al fin me armé de valor y las eché en la batidora. Mi adicción comenzó en el mismo momento en que sentí el olor de esa deliciosa mezcla de espinacas y plátano. Mis papilas gustativas estaban en el paraíso y mi cuerpo había encontrado una forma novedosa de alimentarse. Batidos saludables; deliciosos batidos verdes.

Esa pequeña pero valiente decisión de echar un poco de espinacas en la batidora inició mi transformación. Te voy a hablar de estas joyas verdes para que también puedas empezar a hacerlas tuyas.

Un batido saludable está compuesto de una base líquida y de una mezcla de frutas enteras y verduras y, en algunas ocasiones, de semillas y superalimentos. Hay que batir los ingredientes hasta conseguir una textura suave y sedosa. Deberías poder beber un batido con una pajita, pero si prefieres una consistencia más

espesa, también puedes tomarlo con una cuchara. A mí me gustan ligeramente espesos cuando tengo hambre y algo más suaves cuando los consumo con el fin de hidratarme. Un batido saludable no contiene azúcar, sirope, fruta en conserva ni edulcorantes artificiales.

Puedes preparar un sencillo batido utilizando únicamente frutas o combinando frutas y verduras, pero también puedes añadir grasas saludables, proteínas y superalimentos para convertirlo en una comida completa. La proporción estándar de frutas y verduras es del 60 y el 40%, pero puedes comenzar por una proporción que incluya más frutas al principio e ir agregando las verduras poco a poco. Con el paso del tiempo puedes llegar a utilizar un 80% de verduras y un 20% de frutas.

Un batido verde contiene una verdura, que puede ser lechuga, espinacas, col, perejil, acelga o cualquiera de sus primas. El nombre de los batidos verdes no obedece tanto a su color como a lo que pones en él. Aunque puedes preparar algunos batidos de un verde muy intenso, si añades unos pocos arándanos, zarzamoras o bayas de acai en polvo —uno de mis ingredientes favoritos—, puedes conseguir que el batido más verde cambie su color por un púrpura oscuro. Y esto puede ser muy favorable si pretendes ocultarles el «factor verde» a tu marido o a tus hijos. Hace unos días preparé un batido de col y plátano con un increíble color cremoso. Y esto también cuenta como batido verde.

Como regla general, cuantos más ingredientes verdes emplees, más nutritivo será el batido y menor será su contenido de azúcar.

Cuando limpias tu organismo de forma regular con alimentos integrales y eliminas la mayor cantidad posible de toxinas de tu dieta, tu cuerpo puede comenzar a curarse por sí mismo, prevenir las enfermedades y recuperar su fortaleza y resistencia. No importa cuánto tiempo lleves en el mal camino, nunca es tarde para cambiar las cosas. Los batidos saludables te ayudan a hacerlo de la forma más fácil y rápida posible. Todas las frutas y verduras ayudan a tu cuerpo a deshacerse de las toxinas acumuladas.

Intenta utilizar únicamente ingredientes frescos orgánicos para preparar las recetas de batidos, limítate a emplear solo frutas y verduras y evita los productos animales y los edulcorantes artificiales. Además, debes beber los batidos cuando aún están frescos, es decir, inmediatamente después de prepararlos.

Los batidos son la forma más fácil y rápida de zambullirse en la salud y la sanación natural. Necesitas muy pocas cosas para empezar y muy poco tiempo para prepararlos. Las únicas herramientas que se precisan son una batidora en buen estado, una tabla de cortar y un buen cuchillo (utensilios que suelen encontrarse en cualquier cocina normal) más un poco de la creatividad que este libro pretende ofrecerte en abundancia.

¡Y eso es todo! ¡Eso es todo lo que necesitas para iniciarte en el arte de preparar batidos deliciosos y revolucionar tu salud!

Beneficios importantes de un estilo de vida basado en los batidos

Un aspecto exterior saludable comienza en el interior.
ROBERT ULRICH

Quiero enfatizar la expresión *estilo de vida* antes de hablar de las ventajas, porque los cambios que puedes observar en tu salud se producen únicamente cuando desarrollas el hábito de consumir batidos y no después de beber uno o dos. Pero una vez que lo consigas, estarás encantado de beber de tres a seis batidos por semana y notarás los beneficios al cabo de tan solo unas dos semanas. A continuación presento diecinueve importantes beneficios que puedes obtener de un estilo de vida basado en los batidos saludables:

1. Constituyen una comida o aperitivo rápidos y deliciosos que sacian tu apetito. Si te pareces a mí (es decir, si tienes una vida muy ajetreada y un millón de cosas que hacer), estas palabras sonarán como una melodía para tus oídos: un alimento rápido, delicioso y nutritivo que además consigue saciar el hambre. Un batido saludable puede ofrecerte todo eso y mucho más. Puede ser tu desayuno, tu almuerzo, un tentempié para la tarde o una cena ligera. Si lo preparas todo

con antelación (es decir, si tienes todos los ingredientes lavados y guardados), puedes acelerar el proceso y tener tu batido listo en menos de diez minutos. ¡Y esto es una gran ventaja!

2. Son una excelente fuente de fibra. Los batidos saludables están llenos de fibra, que se deshace con la potencia de tu batidora hasta el punto de que tu organismo es capaz de digerirla fácilmente. El hecho de combinar verduras de hoja crudas no solo hace que sean más fáciles de digerir, sino también que tu cuerpo absorba un porcentaje mucho más alto de nutrientes que cuando las masticas. La fibra contribuye a bajar los niveles de colesterol y de glucosa y consigue que la sensación de saciedad dure más tiempo. Pero lo más importante es que regula tu cuerpo. Este es el mayor beneficio que tienen los batidos en comparación con los zumos, pues estos últimos contienen muy poca fibra o, en algunos casos, ninguna.

3. Permiten obtener todos los nutrientes que necesitas en forma de batido. Admitámoslo, es mucho trabajo preparar y consumir la dosis total diaria recomendada de frutas y verduras y además requiere mucho tiempo. Con los batidos verdes, bebes las verduras y puedes obtener fácilmente la mayor parte de tus nutrientes tomando un vaso grande de un batido verde antes de las ocho de la mañana. ¡Eso es eficiencia!

4. Ofrecen un número ilimitado de sabores (o combinaciones de sabores). Me encantan las frutas y las verduras, pero a veces me aburro de su gusto tan singular. Cuando consumes ensaladas, puedes saborear por separado las frutas y verduras, y yo disfruto cuando tengo una variedad de sabores en la boca. Los batidos te abren a un mundo de nuevos sabores porque puedes realizar innumerables combinaciones. Una única fruta o verdura no puede ofrecerte ni la mitad de variedad de sabores que cuando las combinas. Con un poco de imaginación, puedes preparar incontables combinaciones y, en teoría, no tienes por qué preparar dos veces el mismo batido.

5. Sirven como un aperitivo para tomar sobre la marcha. Recuerdo que antes me incomodaba

llevar un recipiente con granola, frutas y frutos secos a mis reuniones de empresa. Me dedicaba a consumirlos lentamente, a pequeñas cucharadas en los escasos ratos libres, intentando que nadie se diera cuenta y sin disfrutar en absoluto de lo que comía. Con los batidos es diferente, puedes llevarlos contigo de una forma muy cómoda, son fáciles de beber con una pajita y si alguien te mira con sorna, puedes aprovechar la oportunidad para hablar de sus beneficios. Consigue un recipiente adecuado (a mí me gustan los frascos de vidrio y las pajitas de cristal) y bebe los batidos que vas a llevar contigo de la misma manera que lo harías con cualquier otra bebida. Una única recomendación: bébelos a sorbos para que se mezclen con tu saliva y luego trágalos lentamente.

6. Refrenan el ansia de comer comida basura. Lo noté por primera vez cuando comencé a incorporar cada vez más alimentos integrales y crudos en mi dieta y, más tarde, los zumos y batidos verdes. Antes solía combatir mi tendencia a consumir alimentos poco sanos con autodisciplina y castigo, pero de ese modo lo único que conseguía era aumentar mi apetencia por dichos alimentos. La forma más efectiva es añadir batidos a tu dieta. Con el tiempo, te apetece consumir más frutas y verduras y empiezas a no desear ni tolerar la comida basura. ¡Qué cura maravillosa!

7. Facilitan la pérdida natural de peso. Adelgazar es sin duda una de las razones más populares para incorporar los batidos saludables, ¡y, en realidad, obran maravillas! Si lo que quieres es perder peso, prepara batidos simples y acostúmbrate a consumir alimentos integrales naturales, a observar el número total de calorías que ingieres, a incluir más verduras y hortalizas de hoja verde en tu dieta —al tiempo que reduces el consumo de frutos secos— y a tomar más proteínas en polvo y superalimentos. Los batidos verdes fomentan especialmente la pérdida de peso y te permiten deshacerte de esos kilos persistentes.

8. Logran que el cuerpo recupere un estado alcalino saludable. El equilibrio del pH de la sangre

humana debe permanecer dentro de un cierto rango y muchos alimentos (en especial la comida basura excesivamente salada y los alimentos fritos o envasados) son muy ácidos y tu cuerpo tiene que trabajar mucho para neutralizar sus efectos y volver al estado deseado. Las frutas y verduras son alimentos alcalinos y los expertos en salud afirman que su consumo ayuda a mantener el equilibrio alcalino adecuado. Los batidos alcalinizan tu organismo, ayudándote a equilibrar tu pH.

9. Actúan como una fuente excelente de proteínas naturales de origen vegetal. Créase o no, no solo la carne y los productos lácteos contienen proteínas. Algunos productos vegetales son una fuente importante de proteínas, por ejemplo, el aguacate, el brócoli, las espinacas y la col, todos ellos ingredientes deliciosos para añadir a cualquier batido. Los batidos son una forma maravillosa de consumir proteínas de origen vegetal, incluso aunque obtengas otras proteínas del resto de tu dieta.

10. Mejoran el funcionamiento del aparato digestivo facilitando la eliminación. El secreto para sentirse bien no son las propiedades ni las riquezas, sino un buen sistema de eliminación. Seguramente estarías de acuerdo en afirmarlo si has sufrido alguna vez trastornos digestivos. El estreñimiento y la indigestión no son nada divertidos, y el mero hecho de deshacerse de ese malestar puede ser un gran incentivo para comenzar a desarrollar el hábito de beber batidos saludables. La fibra que contienen las frutas y verduras, y su fácil absorción, ayudan a regular y fortalecer tu organismo para tener una vida maravillosamente larga y productiva.

11. Potencian tu energía y vitalidad. Los batidos son una forma inteligente de nutrir y energizar tu cuerpo antes de hacer ejercicio y de recuperarte después de un intenso entrenamiento. Pueden aumentar tu energía sin sobrecargar tu organismo, como suele suceder con las comidas ricas en proteínas que se recomienda tomar después de una actividad física. Gracias a todas las verduras y frutas frescas y crudas que hay en tu batido, obtienes una inyección natural de energía y, al mismo tiempo, una sensación de revigorización e hidratación. ¿Y dónde estaba este maravilloso alimento cuando más lo necesitaba, después de mis clases de aerobic durante mi adolescencia?

12. Refuerzan tu sistema inmunitario para defenderte de constipados y enfermedades. Los

alimentos integrales son un milagro para tu sistema inmunitario, y los batidos saludables desempeñan un papel importante al aumentar la capacidad de tu cuerpo para resistir y combatir infecciones. Cuanto más sano está tu cuerpo, más rápido puedes deshacerte tanto de un constipado como una enfermedad más importante. Cuando te sientas débil o cansado, aumenta tu consumo de batidos verdes con el fin de combatir el resfriado o la gripe antes de que se manifieste. Si ya estás enfermo, los batidos acelerarán la curación.

13. Otorgan brillo a la piel y al cabello. La verdadera belleza reside en el interior, lo sé, pero eso no impide que también nos ocupemos de nuestra belleza exterior. Tu piel, tus uñas y tu cabello van a beneficiarse de un brillo que solo puedes obtener si tienes el hábito de consumir batidos verdes. La belleza exterior de tu cuerpo está en función de tu bienestar interior. Los batidos hacen un buen trabajo, de manera que pronto estarás resplandeciente.

14. Permiten ahorrar dinero a largo plazo. Los batidos son económicos.

Puedes congelar la fruta para no desperdiciarla, escoger las verduras de temporada y comprarlas en grandes cantidades en los mercados agrícolas. Además, puedes preparar recetas simples sin añadirles superalimentos ni hierbas exóticas. Y todo ello trae también un premio oculto: además de mejorar tu salud, los batidos te permiten ahorrar dinero porque no tienes que ir frecuentemente al médico ni a la farmacia.

15. Se adaptan fácilmente a todo tipo de dietas. ¿Eres vegano? ¿Te alimentas con productos crudos? ¿Con alimentos sin gluten? ¿Eres alérgico a los frutos secos? ¿No tomas soja? ¿Consumes muchas verduras? ¿Llevas una dieta de hidratos de carbono de absorción lenta o una baja en hidratos de carbono? Cualesquiera sean tus necesidades y apetencias nutricionales, los batidos te ofrecen amplias posibilidades. Puedes crear recetas deliciosas que respondan a tus necesidades personales y disponer de una gran variedad sin apartarte de tus opciones dietéticas.

16. Te enseñan a recurrir a la sanación natural mediante los alimentos adecuados. Los batidos son una forma divertida y maravillosa de aprender a curar tu cuerpo con alimentos y no con medicinas. Gran parte de nuestras dolencias físicas, afecciones y malestares se pueden deber a una mala nutrición, pero lo bueno es que puedes curar la mayor parte de esas molestias y sentirte mucho mejor eligiendo conscientemente los alimentos que son apropiados para tu cuerpo. Puedes experimentar con todo lo que te plazca y llenar un vaso de un montón de frutas, verduras y hierbas curativas.

17. Representan una forma fácil de consumir más alimentos crudos, que son fundamentales en una dieta sana. Aunque no consumo alimentos crudos al 100%, puedo afirmar que abundan en mi dieta. Sin embargo, ser creativo con los alimentos crudos es todo un desafío y se requiere mucha energía para masticar todos los que tu cuerpo necesita. Por eso los batidos son una forma mágica de ayudarte a ingerirlos con poco esfuerzo.

18. Fomentan que tu creatividad brille. No soy una buena cocinera, no consigo guisar bien a pesar de que lo intento, pero me enamoré de los zumos y batidos porque me dejan ser creativa sin incendiar la cocina ni provocar un completo desastre. Con los batidos comienzas a explorar el mundo de las frutas, verduras, hierbas, frutos secos y semillas, y puedo asegurarte que es un mundo muy amplio. Una conexión fabulosa con una creatividad «zen».

19. Te alegran la vida. No lo creerás hasta que los hayas probado, pero después de haber preparado unos pocos brebajes deliciosos de tu propia creación, te darás cuenta de la felicidad que puede ofrecerte un vaso de batido. Nuestro cuerpo tiene ansias de una buena nutrición y de sabores agradables, una combinación que debemos recordar para nutrirlo, pues cuando así lo hacemos su respuesta natural es la alegría. ¡Mis brebajes siguen provocándome una risa tonta y una sonrisa tan amplia que me hace olvidar cualquier problema que pueda tener durante al

menos algunos minutos del día! La vida ya es buena por sí misma, pero lo es mucho más gracias a los batidos.

La lista de beneficios que reportan los batidos saludables es tan extensa que resulta imposible mencionar todas las sorprendentes ventajas físicas, mentales, psicológicas y emocionales que obtendrás si los bebes de forma regular. Y esto es solamente el comienzo de un viaje emocionante y placentero; una vez que lo inicies, no volverás a mirar atrás.

Batidos frente a zumos: ¿qué es mejor?

Eres tan importante para tu salud como ella lo es para ti.
TERRI GUILLEMETS

Es muy probable que oigas a muchas personas hablar indistintamente de zumos y batidos pero, de hecho, no son lo mismo. Te lo explicaré brevemente: cuando preparas un zumo (y para ello necesitas una licuadora), extraes la fibra y bebes únicamente el jugo. Con los batidos, mezclas todos los ingredientes y los tomas junto con la fibra.

Algunas personas consideran que con los zumos se desperdicia toda la pulpa que no se consume. Eso es verdad, aunque la pulpa puede reutilizarse de diferentes maneras. Por otra parte, los zumos pueden resultar un poco más caros y también rendir menos que los batidos, en términos de cantidades de frutas y verduras utilizadas, debido a toda la pulpa extraída. Por el contrario, en el proceso de los batidos no se pierde nada excepto el cambio de volumen físico de los alimentos, que pasan del estado sólido al líquido.

Una razón convincente por la cual algunas personas se inclinan por los zumos es que puedes hacer un ayuno con ellos para darle un descanso a tu sistema digestivo y revitalizar tu organismo. No obstante, hay una forma de modificar los batidos para hacer una cura de limpieza y desintoxicación. Nos ocuparemos de ella en la página 197. Hay quienes prefieren los batidos porque desean consumir también la fibra. Una licuadora extrae la fibra de los alimentos, mientras que una batidora potente deshace completamente la fibra para que puedas ingerirla. Los batidos pueden reemplazar un almuerzo o una cena, convirtiéndose en una comida completa que puede saciar tu apetito y mantenerte satisfecho durante algunas horas. En cambio, los zumos se absorben mucho más rápidamente y, si bien te dan una inyección de energía de forma casi inmediata, también te sacian menos.

¿Qué es lo que tú prefieres? Yo te sugeriría las dos opciones, porque ambas pueden resultarte muy beneficiosas.

Adoro los zumos y también los batidos, son como mis niños. Y así como nunca le preguntarías a una

madre a cuál de sus hijos prefiere, yo jamás he favorecido a uno en detrimento del otro.

A continuación voy a darte unas pautas que te ayudarán a decidir si prefieres un zumo o un batido en un momento dado.

Los dos son fantásticos para tu salud. Bebe un zumo o un batido, según lo que te apetezca. Prepara uno u otro, o incluso ambos. No te dejes enredar por los acalorados y polarizados debates que sostienen los defensores de los zumos por un lado y los de los batidos por el otro. Te recomiendo que incorpores ambos en tu dieta. El principal inconveniente de preparar tanto zumos como batidos es que necesitas tener una licuadora y una batidora. Yo he hecho esa inversión por mi salud y no me arrepiento en absoluto. Espero que

Prepara un batido si:
- Quieres una comida que sacie tu apetito durante algunas horas.
- Tienes prisa y debes prepararlo cuanto antes.
- Quieres consumir la fibra que contienen las frutas y verduras.
- Quieres usar frutas, como plátanos y aguacates, que no se pueden consumir en forma de zumo.
- Deseas añadir tus suplementos, semillas, polvos y otros y superalimentos.
- Tienes hambre y también tiempo suficiente para consumir un batido.
- Tienes más hambre que sed.

Prepara un zumo si:
- Quieres que tu organismo absorba rápidamente los minerales y las vitaminas presentes en las frutas y verduras.
- Deseas consumir rápidamente una gran variedad y volumen de frutas y verduras.
- Quieres una bebida hidratante.
- Deseas darle un descanso a tu sistema digestivo durante unas cuantas horas o durante un periodo más largo de tiempo.
- Quieres desintoxicar y limpiar tu organismo sin consumir fibra.
- Buscas una inyección rápida de energía.
- Te sientes deshidratado y tienes más sed que hambre.

tomes la decisión correcta ahora que has aprendido cuál es la diferencia entre los zumos y los batidos.

Mi consejo es evitar los zumos y batidos embotellados, a menos que la etiqueta indique específicamente que son de presión en frío, que no han sido sometidos al calor y que la bebida no contiene ninguna sustancia química adicional ni tampoco azúcar procesado. La mayoría de las bebidas embotelladas pasan por un proceso de pasteurización, que reduce sus propiedades nutritivas y modifica el sabor. ¡Jamás podrías identificar el sabor del contenido de la botella si quisieras hacer una versión fresca de lo que has bebido!

También te recomiendo que no vayas a las cadenas de locales que venden batidos. Por lo general, tienen opciones muy limitadas y suelen añadir edulcorantes artificiales. Espero que llegue el día en que las tiendas de batidos almacenen las espinacas y las coles cerca de la sección donde están las fresas, pero me temo que esto puede tardar un poco. Las hortalizas de hoja se echan a perder rápidamente, pero puedes congelar la fruta durante bastante tiempo. Algunas tiendas de alimentación sana, como las selectas *Whole Food* en

Estados Unidos, están organizadas para que puedas comprar las frutas y verduras y consumirlas luego en forma de batido o zumo en su propio bar. ¡Esto me parece genial y creo que vale la pena probarlo al menos una vez! Las grandes ciudades pueden incluso sorprenderte con sus ofertas de alimentos naturales frescos y veganos. Me he deleitado con deliciosos batidos verdes en las tiendas subterráneas de Toronto, en los establecimientos veganos de Portland y en las ocultas cafeterías de alimentos crudos veganos de Hawái, pero todavía siguen siendo algo poco común. Tu mejor opción es preparar tus propios batidos saludables y zumos verdes en casa.

Lo más importante es que bebas las verduras. Ya sea en un zumo verde, en un batido verde o en una combinación de ambos. Beber las verduras te ayudará a estar más sano y sentirte más dinámico y animado.

No es necesario exprimir el zumo de los ingredientes para preparar tus batidos. He creado algunas recetas de batidos en las que se añade zumo fresco de zanahoria o naranja a los demás ingredientes pero, dado que te he recomendado evitar los zumos embotellados y que no pretendo

PROTAGONISMO DE UN AMANTE DE LOS BATIDOS

Joshua Waldman

Receta favorita: sueño tropical de piña

½ piña fresca
1 naranja sin piel
1/8 de lima con piel
1-2 puñados de espinacas frescas
2-3 cubitos de hielo
1 taza de agua filtrada

A Joshua le gusta cortar la lima en rodajas de un centímetro y añadirla al batido. Después de incorporar la fruta, llena el resto de la batidora con las espinacas (uno o dos puñados) y antes de batirlo añade tres cubitos de hielo, una taza de agua o una mezcla de ambos. El batido se torna de color verde fluorescente y es exquisito. Además de saciar el apetito, le ofrece a tu cuerpo un montón de fitonutrientes.

Joshua Waldman es una autoridad en la utilización de las redes sociales para encontrar trabajo. Es el autor de *Job Searching With Social Media For Dummies* y tiene un blog muy popular que puedes visitar en www.CareerEnlightenment.com. Cuando no está escribiendo, Joshua ofrece cursillos de formación para estudiantes, asesores de carreras y organizaciones profesionales en todo el mundo. Es un amante de los alimentos integrales, los zumos crudos y los batidos verdes. Cultiva sus propias hierbas aromáticas y también hierba de trigo en su casa, y confía en el poder de la nutrición holística para mantenerse sano y activo y para conservar su claridad mental. Joshua le dedica este batido a su mujer, Lily.

que tengas que limpiar dos aparatos (una licuadora y una batidora) para hacer un batido, no he incluido ningún zumo fresco en las recetas que presento en este libro. Lo único que te pido es que exprimas el zumo de un limón o una lima en algunas ocasiones, algo que puedes hacer con tus propias manos.

Si quieres saber algo más sobre los zumos, puedes consultar mi último libro, *The Healthy Juicer's Bible*. Ahora vamos a centrarnos en cómo puedes conseguir que los batidos sanos formen parte de tu dieta y tu estilo de vida.

¿Por qué beber batidos sin lácteos?

Si deseas curarte, debes permitirte caer enfermo.
RUMI

Ninguna de las recetas de batidos que encontrarás en este libro contiene productos lácteos. Quizás los halles en alguna de las recetas que nos han enviado y que aparecen al final de cada capítulo. No acostumbro utilizar leche ni yogur de origen animal en mis batidos. Tengo intolerancia a la lactosa y además una *vendetta* personal contra la leche de origen animal. ¡Amantes de la leche, lo siento mucho! Y aunque en algunas esporádicas ocasiones disfruto tomando un yogur natural (soy de Irán y crecí consumiendo yogur natural, un producto que nunca debe faltar en nuestros banquetes persas), jamás lo

añado a mis batidos saludables. Hay opciones mucho mejores para que tus batidos sean ricos y cremosos sin necesidad de añadir productos lácteos. Y mi intención es precisamente que te aficiones a ese tipo de batidos.

Si te preocupa el hecho de no obtener suficiente calcio, puedes relajarte. Las verduras de hoja verde y los frutos secos aportan una cantidad importante de calcio sin necesidad de consumir productos lácteos. La leche y el yogur contienen un exceso de grasa, azúcar, hormonas y otros aditivos que sabotean tu objetivo de estar más sano, desintoxicar tu organismo o perder peso. Utiliza verduras de hojas oscuras y frutas como naranjas, kiwis, higos, peras y dátiles para obtener calcio.

Además, si empleas leches que se elaboran a partir de frutos secos de marcas como *Silk*, *Blue Diamond*, y *Rice Dreams*, te beneficiarás del calcio añadido, así como de las vitaminas que tu cuerpo necesita para absorberlo. Las leches de frutos secos no contienen lactosa, el componente ácido presente en la leche de vaca. Hay muchas personas que son muy sensibles o totalmente intolerantes a la lactosa. Y por último, pero no menos importante, si nunca has probado las leches preparadas a base de frutos secos, cuando lo hagas ¡tus papilas gustativas estarán de enhorabuena!

Tampoco utilizo ni aconsejo la leche de soja. Los productos derivados de esta legumbre tienden a ser alimentos alergénicos y la mayoría de la soja contiene fitoestrógenos que podrían afectar negativamente a tu equilibrio hormonal. En resumen, no es la base líquida que te recomendaría para tus batidos, aunque es evidente que puedes utilizarla si te gusta su sabor. Los estudios recientes sobre nutrición no están a favor de incluir grandes cantidades de soja en la dieta. Los batidos son más nutritivos

y saben mejor cuando utilizas leches de frutos secos como base líquida. Mis preferidas son la de almendras y la de coco sin endulzar, o una combinación de ambas. He probado la leche de arroz y la de cáñamo. La primera me parece insulsa y en cuanto a la segunda, prefiero las semillas de cáñamo a la leche de cáñamo.

Como puedes ver, tienes varias opciones para utilizar leches de origen vegetal; puedes incluir tu favorita en todas las recetas en las que no se usa agua como base líquida.

En cualquier caso, si te apetece incluir leche o yogur en tu batido, tienes toda la libertad para hacerlo. Recuerda que eres tú quien decide. Este es tu batido y tiene que ser agradable para tus papilas gustativas. El yogur es muy popular como base para los batidos y les confiere una consistencia agradable pero, francamente, puedes conseguir una textura similar, o incluso mejor, usando plátanos, aguacates y mantequillas de frutos secos.

En este libro encontrarás sugerencias e ideas, y tengo la esperanza de que llegues a preparar batidos que no contengan productos lácteos. El viaje de los batidos consiste precisamente en ir más allá de la zona donde te encuentras cómodo y dedicarte a jugar e investigar para encontrar nuevas y deliciosas combinaciones de frutas, verduras y otros nutrientes. No llegarás a saborear esas combinaciones si te atienes únicamente a lo que conoces. Yo ya he hecho gran parte de la tarea y he elaborado las recetas para que no tengas que pensar en ello; todo lo que tienes que hacer ahora es estar dispuesto a probarlas. ¡Puedo asegurarte que te sorprenderán agradablemente!

Las recetas que presento en este libro contienen una combinación de frutas frescas o congeladas, verduras frescas, hierbas aromáticas frescas y semillas, leches de frutos secos (por ejemplo, de almendras o de coco), leche de arroz o agua filtrada como base líquida, mantequillas de frutos secos, proteínas en polvo sin productos lácteos y superalimentos. Puedes modificarlas de acuerdo con tus necesidades y preferencias.

La guerra contra la fructosa: ¿te engorda la fruta?

La felicidad reside, en primer lugar, en la salud.
GEORGE WILLIAM CURTIS

Las frutas. Uno de los alimentos más sanos, deliciosos y naturales del planeta. Las consumimos para saciar nuestro apetito y nuestra sed, y al mismo tiempo para deleitar a nuestras papilas gustativas. Por lo que sabemos, los hombres (y las mujeres) han estado alimentándose de frutas durante milenios, o incluso más tiempo.

La fruta es buena para ti.

La fruta no engorda. ¿Conoces a alguien que haya engordado por consumir demasiada fruta madura y fresca? ¿Crees realmente que la epidemia de obesidad que hay en Estados Unidos se debe a tomar grandes cantidades de fruta? Lo que ha causado esa epidemia es la obsesión por el azúcar refinado y la comida basura. Podría desafiarte a que aumentaras de peso consumiendo fruta durante todo el día. Puedo asegurarte que es imposible.

Si te dedicas a observar los alimentos que constituyen la dieta media estadounidense, comprobarás con tristeza que la fruta (entre otras

cosas) es sumamente escasa y que sufrimos una grave y creciente epidemia de enfermedades que son el resultado de la dieta americana estándar, y aún encontramos tiempo para culpar a la fruta de aumentar los niveles de azúcar en sangre y descartarla como si fuera un carbohidrato rico en azúcares y, por lo tanto, «malo para tu salud».

La fruta no es mala para tu salud. ¡Debes terminar de una vez con esa idea! El azúcar que contiene la fruta no es igual a la que está presente en los donuts, galletas, tartas y demás dulces. No hay ninguna duda de que los azúcares refinados de ese tipo de alimentos son malos para tu salud. Realmente malos. Ellos sí que se encuentran definitivamente en la categoría de hidratos de carbono nocivos, pero la fruta no entra en la misma categoría. Sin embargo, si tu dieta ha sido rica en azúcares y poco nutritiva, no es una buena idea añadir frutas al principio.

Con los batidos saludables volverás a alimentarte de una manera sana y tu organismo conseguirá limpiarse y curarse de los efectos de una nutrición deficiente. Si tu alimentación hasta ahora no ha sido la más adecuada, lo más recomendable es que bebas batidos más verdes, con escaso contenido de azúcar (busca las etiquetas de las recetas adecuadas para identificarlos) y a medida que recuperes la salud podrás añadir fruta a los batidos y al resto de tu dieta.

El azúcar natural de la fruta se llama fructosa, aunque no es eso lo único que contiene. La fruta tiene también fibra, que contribuye a que el proceso de descomposición del azúcar en el flujo sanguíneo sea más lento, todo lo contrario que sucede con la comida basura, que alcanza instantáneamente el flujo sanguíneo. Es esencial consumir frutas y usar al menos alguna de ellas como base para tus batidos. La fruta tiene un índice glucémico relativamente bajo y tendrías que consumir enormes cantidades para que pudiera llegar a representar un daño potencial. Consumir cada día un batido de 450 a 600 ml con un poco de fruta no puede producir un efecto tan nocivo. Por otra parte, el contenido total de azúcar se equilibra al mezclarse con las verduras de hoja, los frutos secos y las semillas.

La fruta contiene también gran cantidad de vitaminas, minerales y antioxidantes, entre ellos vitamina C, potasio y, por supuesto, la fibra que ya he mencionado y que compensa cualquier daño potencial que pudieras sufrir por causa de esos azúcares naturales. La fruta hace que tu piel brille, te ayuda a perder peso y mejora tu digestión, y es uno de los pilares de una dieta sana de alimentos crudos.

Si eres diabético, o tienes cierta predisposición a desarrollar dicha enfermedad o cualquier otra enfermedad metabólica, te recomiendo especialmente que consultes con tu médico antes de comenzar.

He considerado la posibilidad de que quizás no te apetezca añadir grandes cantidades de fruta, o simplemente alguna fruta, en tu batido y por ello he incluido varias recetas que ofrecen opciones bajas en hidratos de carbono e incluyen una pequeña cantidad de frutas, o incluso carecen de ellas. Busca las recetas con la etiqueta inteligente «Poca fruta» para identificar los batidos.

¿Batidos para sustituir comidas o solo como aperitivo?

La curación se produce cuando se asume la responsabilidad: darte cuenta de que eres tú y nadie más quien produce tus pensamientos, sensaciones y acciones.

PETER SHEPHERD

Puedes preparar batidos para reemplazar una comida o para tomar como aperitivo. Al iniciar este viaje, la mera idea de reemplazar una comida por una bebida puede resultar intimidante, pero no debes preocuparte antes de tiempo. Limítate a añadir batidos a tu dieta normal y deja fluir el proceso. Por ejemplo, bebe un batido para desayunar y luego toma tu desayuno habitual únicamente si tienes hambre. Muy pronto advertirás que los batidos pueden saciar tu apetito y que no es difícil sustituir una comida completa y pasar varias horas sin necesidad de tomar un tentempié.

Si estás intentando perder algunos kilos y crees que los batidos te ayudarán, empieza reemplazando una comida por día hasta llegar a tomar dos batidos diarios y una cena ligera. Esta puede ser una forma genial de poner en marcha tu plan para perder peso.

Te daré algunas sugerencias sobre cómo hacer un batido para tomar como aperitivo y otro destinado a reemplazar una comida.

Batido para sustituir una comida

Este tipo de batidos debe tener entre 400 y 600 calorías. La idea de sustituir una comida completa es que te sientas saciado y estés bien nutrido, y llenar el estómago para no sentir hambre una hora más tarde. Cuando preparo mis batidos con la intención de sustituir una comida, habitualmente añado frutas y verduras (los elementos básicos del batido), algunos frutos secos o mantequilla de frutos secos y también un poco de proteína de arroz integral en polvo o una fuente de ácidos grasos omega 3, como puede ser semillas de cáñamo o de chía. También tiendo a utilizar leche de frutos secos como base líquida en vez de agregar solo agua, pero eso depende de la receta. Estos batidos son generalmente más espesos y sustanciosos que otro que se tome como aperitivo. ¡Yo bebo entre 600 y 900 ml sin una pizca de culpa!

Si no puedo beberlo de una vez, divido mi comida en dos. Consumo la mitad del batido inmediatamente después de haberlo preparado y guardo la otra mitad en la nevera en un recipiente de cristal con tapa hermética. A continuación, limpio la batidora, me preparo un té oolong caliente —que me ayuda a digerir mi «primera comida»— y una hora más tarde consumo la segunda parte. Esto me ayuda a evitar la sensación de pesadez que puede manifestarse simplemente por haber consumido gran cantidad de batido. La diferencia entre la pesadez que podrían producir los batidos y, por ejemplo, un banquete de comida india, es que el batido se digiere rápido y la mayor parte del agua que contiene abandona tu cuerpo a través de la orina pero, por el contrario, la comida india puede producir pesadez estomacal durante toda una tarde.

Batido para tomar como aperitivo

Si deseas tomar un batido solo como aperitivo, prepara uno de menor tamaño con la intención de hidratar tu organismo en vez de saciar tu apetito. Mira las recetas cuya base líquida es el agua y utiliza la mitad de las cantidades para preparar un batido que te sirva de aperitivo. Si no le añades mantequillas derivadas de frutos secos y proteínas en polvo, conseguirás que su contenido sea bajo en grasas. Prepáralo con una buena cantidad de frutas y verduras, pero sin añadir ingredientes más sustanciosos, como son el aguacate y el plátano.

Me gusta tomar un batido como aperitivo cuando no tengo suficiente hambre como para tomar una comida. Un buen momento para tomar uno de esos batidos es a media tarde, pero también puedes prepararlo a primera hora de la mañana y guardarlo durante algunas horas para tenerlo listo cuando te apetezca beberlo. Pero si puedes disfrutar del lujo de consumirlo fresco, ¡no dejes de hacerlo! Además, puedes preparar el batido con las frutas y verduras que más te apetezca en cada ocasión.

PROTAGONISMO DE UNA AMANTE DE LOS BATIDOS

Hollie Jeakins

Receta favorita: delicioso batido de «helado» de chocolate y mango

¾ de taza de leche de coco
1 taza de trozos de mango congelado
1 cucharada de cacao
½ cucharada de semillas de chía
¼ de cucharada de aceite de coco (opcional)

Coloca los ingredientes en la batidora, comenzando por la leche de coco, y bátelos hasta obtener una textura suave y cremosa. Disfruta de este batido «helado» como una gratificación supersana después de la cena. El dulce mango, el cacao puro y la cremosa leche de coco se combinan para crear el final perfecto de una comida deliciosa.

Hollie comparte con miles de leales lectores artículos muy detallados, recetas que hacen la boca agua y toda su inspiración en el campo de la nutrición sana a través de su popular blog, en www. SimplyWholeFoods.com. Se centra especialmente en recetas que no contienen soja ni gluten y afines a la dieta paleolítica, perfectas para personas que sufren de alergias e intolerancias, o para aquellas que simplemente desean incorporar nuevas opciones sanas para su familia y para sí mismas. Hollie vive cerca de Toronto, en Canadá, con su querido esposo y sus dos preciosos hijos. Cualquier momento es bueno para tomar un batido, pero podrías incluirlo definitivamente en la categoría de batidos sanos para tomar como postre.

101 INGREDIENTES PARA EL BATIDO PERFECTO

Si somos lo que comemos y no sabemos qué comemos, ¿sabemos realmente quiénes somos?

CLAUDE FISCLER

¡Lo que pones en tu batido saludable es tan importante como lo que no pones en él!

Vamos a hablar de ingredientes, frescura, combinaciones, base líquida e instrucciones para mezclar y combinar ingredientes, pero también de lo que no hay que incluir en un batido. Es fácil tener la mejor de las intenciones y luego estropear un maravilloso batido con un chorro de sirope (algo que jamás deberías incluir en él). La forma más sencilla de hacer batidos es usar verduras crudas de hojas verdes combinadas con fruta fresca o congelada y un poco de agua filtrada. A partir de esta base puedes imaginar cualquier combinación, y el resultado siempre será un batido saludable porque sus ingredientes son frescos, están crudos y, preferiblemente, tienen uno o dos matices de verde.

No todos los batidos saludables incluyen verduras o son realmente verdes. Puedes prepararlos con frutas y un poco de agua. Sí, quizás sea más dulce que un batido verde pero no deja de ser fruta sana batida con una buena cantidad de fibra, que permite que la fructosa se libere más lentamente en tus células sanguíneas. Es mejor que una galleta, una bolsa de patatas fritas o una porción de tarta. Las verduras están en lo más alto de la escala de los nutrientes y minerales y, además, compensan el sabor dulce de un batido que solo contiene fruta. Hablaré también de cómo superar el miedo a añadir verduras a un magnífico batido de frutas y sobre cuáles son las verduras y frutas que debemos usar.

Además de los productos frescos, puedes añadir un poco de fantasía a tus batidos utilizando superalimentos, semillas y proteínas en polvo. En este libro he compartido mi experiencia, y el principal aporte es el siguiente: tu batido saludable (verde) constituye por sí mismo tu superalimento, pero si quieres potenciar la nutrición, puedes añadir otros ingredientes. Esto de ninguna manera es necesario, pero supone una buena alternativa.

Muy pronto estarás combinando tus sabores favoritos, y en camino de convertirte en un maestro de los batidos. ¡Empecemos ahora mismo a recorrer el camino del descubrimiento!

La primicia de las verduras para tus batidos

Hoy en día es más evidente que nunca que los hábitos dietéticos tienen un impacto importante sobre la salud de la población.

ADMINISTRACIÓN DE MEDICAMENTOS Y ALIMENTOS

Cómo superar el miedo a mezclar verduras en tu batido

Si te pareces a mí y a muchas otras personas, probablemente te sentirás ligeramente paranoico la primera vez que decidas añadir un puñado de espinacas a un rico batido de frutas y, ciertamente, ese temor no es infundado. Para empezar, no conozco ninguna cultura en la que las comidas tradicionales se sirvan con un batido de frutas y verduras, especialmente de color verde. ¿Y tú? Las ensaladas son el reclamo de la comida «sana» en cualquier cultura; sin embargo, se las considera una guarnición. Una lechuga iceberg pequeña (cero en nutrición pues contiene esencialmente agua) combinada con algunas verduras y un aliño rico en grasas no es exactamente lo que conseguirá despertar tu afición por las verduras.

Y tu objetivo no es únicamente que te gusten, ¡sino enamorarte de ellas!

De manera que mi mejor sugerencia para superar el miedo a mezclar verduras en tu batido es la siguiente: confía plenamente, sabiendo que no tienes nada que perder (¡y mucho que ganar!).

Piénsalo de este modo. Ya conoces el sabor de las verduras y de las frutas, pero quizás no sepas que al mezclarlas obtienes un sabor nuevo y desconocido. No es el sabor de las verduras, que puede resultar desabrido o amargo para tus papilas gustativas; tampoco es el sabor dulce de las frutas. Y, sin embargo, es sencillamente celestial. Yo no soy química y, por tanto, no puedo darte una respuesta científica pero debo pedirte que confíes en mí. ¡Y los batidos verdes ofrecen un sabor realmente nuevo!

Por otra parte, la variedad es la salsa de la vida, y una de las razones por las que AMO los batidos verdes es porque puedo crear un nuevo brebaje y, en consecuencia, un nuevo sabor sin demasiado esfuerzo. Mis papilas gustativas nunca se aburren.

Ahora que ya estás dispuesto a emprender el viaje, comienza por las recetas etiquetadas como «Verduras ocultas» y comprueba por ti mismo el resultado. Los batidos verdes van a revolucionar la idea que tienes de las verduras, lo que piensas de ellas e incluso lo que sueñas. Esta etiqueta se creó con la idea de introducir lentamente a un principiante (ya seas tú o alguien de tu familia) en el mundo de los batidos verdes antes de pasar a recetas más avanzadas.

¿Qué verduras debes utilizar para tus batidos?

Mis favoritas son las espinacas, la lechuga, el perejil y la col en la categoría de verduras de hojas oscuras, pero eso es solo el comienzo. Tienes una enorme cantidad de opciones. Empieza por tus preferidas y luego dedícate a alternarlas.

Este es un buen momento para despertar tu curiosidad y tu interés por aprender algo más sobre las verduras. ¿Qué verduras son ahora mismo de temporada? ¿Cuáles tienen un sabor amargo y cuáles son suaves? ¿Cuáles son insípidas y cuáles agrias? ¿Cuáles son aromáticas y cuáles son especiadas? Cuanto más sepas sobre ellas, mejor será tu viaje con los batidos.

Te recomiendo que compres las verduras en la sección de productos

PROTAGONISMO DE UN AMANTE DE LOS BATIDOS

Rob Cooper

Receta favorita: batido de ensalada

1-2 puñados de verduras mezcladas
1 tallo de apio
1-2 hojas de col
50-100 g de pepino con piel
1 puñado de perejil
1-2 zanahorias de tamaño medio
30-60 g de tus frutos secos favoritos
(almendras, nueces o anacardos)
Optativo: semillas de chía, corazones de cáñamo

Rob mezcla diferentes verduras en esta receta, como por ejemplo pequeñas lechugas orgánicas (romana roja y verde, hoja de roble verde y roja, de hoja roja, lollo rosa, tango), mizuna biológica, acelgas verdes y rojas biológicas, espinacas biológicas, rúcula biológica y radicha biológica. Compra envases de medio kilo de una mezcla biológica de primavera en la frutería de su barrio cuando no es su temporada. La base líquida es una mezcla de zanahorias, pepinos y apio, de modo que no es necesario añadir agua. Es un dato que debes tener en cuenta a la hora de elegir la cantidad de productos que vas a utilizar. El perejil puede afectar sustancialmente al sabor, afirma Rob, así que debes determinar cuál es la cantidad adecuada al sabor que pretendes conseguir, que se verá compensado por el alto valor nutricional que tiene esta planta. Añade aguacate si quieres obtener una textura cremosa.

El batido de ensalada pretende ser una comida completa y salada, ya que a Rob no le gustan los batidos dulces. Si a ti sí te gustan, puedes añadir manzanas. Él no suele combinar la fruta con otros alimentos, pero si decides hacerlo, te diré que las manzanas y las frambuesas combinan muy bien. No se debe agregar aliño para ensalada. Los batidos de ensalada son un suplemento de alimentos integrales que aportan agua vegetal naturalmente destilada, vitaminas, minerales, grasa, clorofila y algunos elementos más a una comida predigerida o a un plato de guarnición. Contienen toda la fibra original y, al mismo tiempo, son una fuente de nutrientes que se liberan lentamente en el organismo con un impacto más bajo sobre los niveles de azúcar presentes en la sangre. Para Rob una comida rápida es un filete o un salmón asado en la barbacoa con su batido de ensalada. Prácticamente no tiene que fregar después de comer y además puede llevarse su bebida a todos lados.

Rob Cooper llegó a pesar 215 kilos. Ahora vive al oeste de Canadá y lleva un estilo de vida sano. Tiene una página web y un blog muy populares, www.FormerFatGuy.com, desde el año 2000 y es el autor de *Fat Loss Fundamentals*. Le fascina el tema del cambio y le encanta leer sobre jardinería, permacultura y un modo de vida sostenible... y consume únicamente filetes de ternera, carne de cerdo y de pollo procedente de animales alimentados solo con hierba y huevos camperos. Lleva una dieta paleolítica.

biológicos siempre que sea posible y que las consumas muy frescas. Este es uno de los grandes retos de los batidos verdes, porque las hortalizas tienden a deteriorarse más rápido que las frutas. Lee mis sugerencias para hacer la compra y preparar las verduras para que duren más tiempo. Si tienes un presupuesto limitado, los vegetales biológicos pueden resultar un poco caros pero, al menos, intenta comprar verduras de hoja orgánicas.

Por qué utilizar verduras variadas y alternarlas

Es importante alternar las verduras por dos razones:

1. **Diversidad nutricional**: tu intención es obtener la mayor cantidad posible de nutrientes y, por lo tanto, si utilizas espinacas o perejil en todos tus batidos verdes, no llegarás a cubrir todas tus necesidades. En cambio, cuando utilizas una variedad de verduras, obtienes una gama

más amplia de minerales y nutrientes.

2. **Evitar tóxicos potenciales**: en cada verdura hay un nivel mínimo de toxinas, que normalmente son de diferentes tipos. Tomar dos o tres raciones de verduras al día no supone ningún problema, pero si quieres evitar que esas sustancias químicas nocivas se acumulen en tu organismo con el paso del tiempo, evita consumir la misma hortaliza durante semanas.

Una forma sencilla de alternar las verduras es preparar cada batido con varias verduras o, por ejemplo, tomar batidos de espinaca y perejil durante dos semanas y las siguientes dos semanas prepararlos con col y menta, y más tarde utilizar lechuga y cilantro antes de volver a las espinacas. Lo ideal es alternar diferentes familias de plantas, porque las que pertenecen a la misma familia tienen las mismas trazas de toxinas.

No necesitas variar las frutas siempre que evites comer las semillas. Sin embargo, para obtener una diversidad nutricional completa también deberías alternar las frutas.

¿Sabes exactamente lo que significa esto? Ahora el divertido reto que tienes por delante es conocer todas esas maravillosas frutas y hortalizas que encuentras en el mercado local o le compras a un agricultor. ¡No te quedes atrapado en la rutina! ¡Varía, investiga y, sobre todo, pásalo bien!

Recuerda que debes preparar tus batidos con verduras frescas. ¡No se te ocurra usar verduras congeladas!

Hay una forma fácil de recordarlo: si tiene hojas, no la congeles. La mayoría de las frutas y algunos productos vegetales, como el aguacate, se pueden congelar (lo aprenderás en una de las secciones del libro) pero ¡nunca congeles tus verduras!

Las once mejores verduras que puedes elegir para tus batidos

De ningún modo he incluido en la lista TODAS las verduras que puedes usar en tus batidos. Estas son las once mejores verduras de hoja verde que alterno frecuentemente y que he incluido en las recetas. Hay muchísimas más. Tienes plena libertad para investigar. Comienza siempre por pequeñas cantidades (una parte de un puñado) y prueba cada verdura para conocer su nivel de amargor antes de añadirla al batido.

Las verduras son un subconjunto de los vegetales, por lo general oscuras, ligeras y con hojas. Estas son las once mejores verduras de hoja verde con las que recomiendo empezar. La lista no sigue ningún orden en particular:

Espinacas: difícilmente reconocerás su sabor en tu batido. Si eres nuevo en este mundo, es la verdura por excelencia para iniciarse. También es una de las hortalizas de hoja más nutrientes. Es muy fácil encontrarlas en cualquier tienda de alimentación, su precio es muy asequible y contiene muchos minerales y fitonutrientes. Es una excelente fuente de vitamina K, vitamina A, magnesio, folato, manganeso, hierro, calcio, vitamina C, vitamina B_2, potasio y vitamina B_6. También es rica en proteínas, fósforo, vitamina E, zinc, fibra dietética y cobre.

Col rizada: es un poco más difícil de encontrar, aunque cada vez es más popular. Se conserva más tiempo en la nevera que las espinacas debido a que tiene una textura más gruesa. Hay diversos tipos de coles rizadas y todas ellas se adaptan perfectamente a los batidos. Puedes retirar el tallo para reducir el sabor amargo. Las coles rizadas tienen un sabor más intenso que las espinacas pero no son amargas. Son bajas en calorías y ricas en hierro, vitamina K, vitamina A y calcio, y además están llenas de antioxidantes. Incorpóralas en tus batidos gradualmente.

Perejil: es una hierba maravillosa. Puede tener un sabor un poco fuerte, pero es perfecta para suavizar el sabor dulce de un batido y se puede mezclar con todas las frutas y verduras. Constituye una fuente excelente de ácido fólico, una importante vitamina B que tu organismo necesita. Como la col, es una gran fuente de vitaminas A, C y K y también de hierro. No debe usarse solo como aderezo o guarnición: inclúyelo en tus comidas o echa un puñado de perejil en tu batido para que sea superverde y supersano.

Cilantro: con esta hierba no hay términos medios, o la amas o la odias. Si nunca lo has probado, debes hacerlo antes de incluirlo en un batido. El cilantro es una hierba maravillosa que potencia el sabor de la comida y también de los batidos, pero debes añadir una cantidad pequeña. El cilantro es rico en magnesio, hierro y fitonutrientes. Ayuda a reducir los niveles de azúcar en sangre y es una hierba muy curativa.

Acelga: es una hortaliza de hoja de color intenso con una textura más gruesa que las espinacas y diferente sabor. Se conserva en la nevera más tiempo que las espinacas y les confiere a los batidos un bonito color rojo o verde, dependiendo de la variedad que utilices. Es muy rica en nutrientes, al igual que todas sus primas, y en vitaminas A, C y K, potasio, hierro y magnesio. Te aconsejo que la pruebes antes de añadirla a tu batido y que comiences agregando solo un tallo.

Lechuga: intenta no utilizar lechuga iceberg, porque carece de nutrientes. La romana es la más nutritiva y se mezcla maravillosamente bien en tus batidos. También puedes probar otros tipos de lechuga, como las de hoja verde o roja, o la escarola. La lechuga romana contiene vitamina C y K, y además de ser una gran fuente de potasio es perfecta para perder peso.

Diente de león: esta verdura de hoja tiene un sabor fuerte y amargo, de manera que te aconsejo incorporarla lentamente en tus batidos. Pero si un día te apetece dar un paso más, puedes contar con ella. El diente de león tiene más hierro que las espinacas (aunque ellas ganan en contenido de vitamina C y folatos) y son una excelente fuente de vitaminas A, E (que no es común en las verduras) y K. Un par de hojas de diente de león les otorgarán a tus batidos un toque especial y te ayudarán a alternar la variedad de verduras. Una vez más, comienza con dosis pequeñas hasta que te habitúes a su sabor.

Berza: con sus hojas amplias y gruesas, son demasiado grandes para comprar y almacenar, pero muy beneficiosas para tu salud. Las berzas tienen un sabor más suave que la col rizada y niveles similares de vitaminas A, C y K, hierro, folato y magnesio que otras verduras mencionadas aquí. A pesar de no ser tan sexis ni tan apreciadas como las espinacas y la col rizada, son muy nutritivas y es aconsejable incluirlas en la rotación de verduras para los batidos.

Albahaca: una hierba muy aromática que añade sabor y aroma a tus batidos. Contiene una gran proporción de antioxidantes y es una buena fuente de vitamina K. Colabora con la digestión y puede ser muy beneficiosa para tu piel. Suele ser un poco más cara, así que será mejor que la uses cuando esté a tu alcance.

Menta: otra hierba muy aromática recomendable para tus batidos. La menta es muy conocida por combatir la indigestión y el mal aliento. Es rica en manganeso y en vitaminas A y C y una fuente de fibra, folato, hierro, vitamina B_2, potasio y cobre. Y además es deliciosa. Como seguramente ya conoces el sabor de la menta, incluirla en tus batidos te resultará fácil y divertido.

Hojas de zanahoria: ¿sabías que las zanahorias tienen una parte superior de color verde? No es muy frecuente verlas enteras en las tiendas de comestibles o supermercados, pero las encontrarás en los mercadillos de productores locales. Reserva las hermosas y largas hojas verdes de las zanahorias para tus batidos. Son fuertes y ligeramente amargas pero altamente nutritivas. Uno o dos tallos serán suficientes para empezar.

Las nueve mejores hortalizas para tus batidos saludables

Estas son las nueve hortalizas que recomiendo para empezar. La lista no sigue ningún orden en particular:

Pepino: una hortaliza con un contenido de agua muy alto, muy apropiada para recetas saladas. Los pepinos son hidratantes, refrescantes y una excelente opción para los batidos. Son ricos en vitaminas A, B_1, B_6, C y D, folato, calcio, magnesio y potasio. Añaden un sabor suave a los batidos, son buenos para la indigestión y ayudan a perder peso.

Brócoli: al principio te preguntarás si será conveniente echar brócoli en un batido. El brócoli es un alimento maravilloso que nutre tu piel y también tus articulaciones y tejidos internos gracias a la alta dosis de minerales que contiene, entre ellos calcio, zinc, folato y hierro. En mis batidos utilizo únicamente las florescencias del brócoli y descarto los tallos. Te aconsejo que pruebes al menos una receta con brócoli, creo que puedes llegar a apreciar mucho su sabor.

Hinojo: es una espléndida hortaliza con un gran bulbo y largos tallos que huele maravillosamente bien. No es barata pero si puedes adquirirla de vez en cuando, observarás que realza tus batidos y los enriquece con su fragancia. Con una pequeña cantidad de hinojo puedes llegar muy lejos. Es crujiente, dulce y refrescante y puedes utilizar el bulbo y los tallos en los batidos como una fuente aceptable de vitamina C.

Tomate: esta hortaliza (o fruta, según a quien le preguntes) roja, dulce, jugosa y rica es maravillosa para utilizar en cualquier comida, y también en los batidos. Los tomates se usan en todos los batidos salados que presento en este libro. A mí me gustan las variedades *heirloom* y *cherry* pero puedes utilizar cualquiera de ellas. Son una fuente importante de licopeno y las investigaciones sugieren que reducen el riesgo de contraer cáncer. Los tomates son ricos en vitaminas A, C y K.

Pimiento: esta verdura tiene un mundo propio y la he incluido en algunas de mis recetas. Puedes añadir un poco de pimiento picante a cualquier batido salado, e incluso usarlo en algunos dulces, aunque siempre deben descartarse las semillas. Todos los pimientos son ricos en vitaminas A, C y K pero los rojos contienen mucha más cantidad. Estas hortalizas ayudan a reforzar el sistema inmunitario. Puedes encontrar pimientos de todos los sabores, dulces, picantes y superpicantes.

Boniato: en este libro presento un par de recetas con boniatos lavados, pelados, cocinados y fríos. A diferencia de las patatas, son un alimento extremadamente nutritivo, de rico sabor y muy suculento. Constituyen una fuente excelente de beta-caroteno, al igual que las zanahorias, y su sabor es dulzón. Contienen muchas vitaminas y minerales, además de almidones saludables.

Col: esta hortaliza crujiente tiene un sabor sorprendentemente suave y por ello es muy recomendable utilizarla como base vegetal para batidos de textura espesa. ¿La has probado alguna vez en una demostración de Vitamix? Solo percibes otros sabores, pero no el de la col. Esta hortaliza de hoja es enormemente nutritiva y una gran fuente de vitamina K. Es excelente para la digestión y, aunque no lo creas, llena el estómago.

Zanahoria: siempre debes comprar las zanahorias enteras, es decir, con sus hojas, así podrás usar todo el producto por el mismo precio. Las zanahorias son excelentes para la vista y una buena

fuente de beta-caroteno (que se convierte en vitamina A) y de muchos otros nutrientes; además, son deliciosas. Las zanahorias pueden utilizarse en recetas dulces y saladas. Mejoran la visión, tienen efectos antienvejecimiento, dan brillo a la piel y ayudan a tu organismo a deshacerse de toxinas.

Apio: esta verdura asequible y fácil de encontrar es muy apreciada por ser muy nutritiva y te conviene añadirla a tus batidos. El apio tiene un sabor fuerte y característico, por lo que te recomiendo comenzar por un solo tallo. Puede ayudar a combatir la hinchazón e inflamación y a eliminar toxinas. Se puede utilizar el tallo y también las hojas. Por otra parte, el apio es una fuente de importantes minerales como el calcio, el magnesio y el potasio.

Hierbas medicinales maravillosas que puedes añadir a tus batidos

Como es evidente, las «hierbas medicinales» son optativas. Realzan tu batido, le dan un toque especiado y le añaden un factor sorpresa pero, principalmente, constituyen una dosis extra de nutrientes. En las recetas que presento en el libro incluyo principalmente tres de ellas:

- Ajo
- Jengibre
- Pimienta de cayena

¿Se puede utilizar verduras en polvo en vez de verduras frescas para los batidos?

Si no puedes conseguir verduras frescas, o si estás muy ocupado y no tienes tiempo para comprar un manojo de espinacas frescas, puedes utilizarlas en polvo.

Las verduras en polvo contienen una selección de productos; generalmente son hortalizas de hojas oscuras. Al pulverizarlas se extrae la mayor parte de la fibra. Las verduras en polvo son un tipo de superalimento. Elige un producto que sea biológico y que haya sido procesado con protección para la humedad y los rayos ultravioleta, porque dicho tratamiento permite que las sustancias beneficiosas que contiene (clorofila y nutrientes) se conserven lo máximo posible. Debes conseguir productos de calidad que sean puros y deshidratados y guardarlos en un lugar fresco y seco de tu casa, evitando su exposición a

la luz y al calor, para que no se genere moho. Evita las marcas que incluyan sustancias de relleno, como por ejemplo lecitina, fibra, hierbas integrales, pectina, salvado de arroz o lino. Búscalos biológicos, puros y sin aditivos.

Los diferentes productos varían en sabor y textura, y también tienen diferente aroma, pero esto no debería preocuparte porque no notarás el olor en tu batido. Te recomiendo que al principio compres paquetes pequeños para probar el producto.

La última novedad en frutas para tus batidos

Cuando no se goza de buena salud, la sabiduría no puede revelarse, el arte no puede manifestarse, la fuerza no puede luchar, la riqueza se torna inútil y la inteligencia no se puede aplicar.

HERÓFILO

La fruta que sirve de base al batido es la que le da consistencia y la mayor parte de su sabor. Como base de tu batido debes elegir al menos una fruta que le otorgue una textura cremosa y suave en la que los ingredientes se mezclen bien para que el batido sea mucho más rico. Estas frutas son: plátano, aguacate, melocotón, mango, coco, higo y pera. Los plátanos, los aguacates y el coco le otorgan la textura más cremosa. El aguacate y el coco aportan además grasas naturales beneficiosas —notarás que un batido que los contiene te llena más que cuando usas plátanos—. Si no deseas emplear fruta, puedes comprar mantequillas preparadas a base de frutos secos, que contribuyen a que consigas esa textura cremosa que amalgama los ingredientes del batido.

La fruta es la mejor compañía para un batido porque se descompone rápidamente y se digiere muy bien junto con las verduras de hoja. El efecto es muy superior cuando bebes el batido con el estómago vacío. El momento ideal para tomar un batido es la hora del desayuno. Todas las frutas de tus batidos deben ser frescas; nunca debes usar frutas en conserva ni zumos embotellados. Mejor si las compras en la sección de productos biológicos del supermercado o en un mercadillo de productores locales para apoyar a los miembros de tu comunidad. Te recomiendo que adquieras fruta biológica con la mayor frecuencia posible y que la utilices fresca. Las frutas que son más densas, como las manzanas y las peras, tienen mayor duración que las bayas, de modo que planifica adecuadamente la compra. Como es evidente, también puedes congelar la fruta para que dure más tiempo. Esto significa que puedes comprar mayor cantidad cuando encuentres buenos precios entre las opciones biológicas o comprar más fruta de temporada. Lee la sección «Sugerencias para congelar la fruta» del siguiente capítulo para tener más información.

Las quince mejores frutas para tus batidos saludables

Manzana: se suele decir «una manzana al día una visita al médico te ahorraría», ¿verdad? Esta nutritiva fruta rica en vitaminas y minerales es excelente para tu salud. No es necesario pelar las manzanas, pero no debes comer las semillas ni el tallo. Nunca las congeles, úsalas frescas en tus batidos. Puedes elegir cualquiera de todas las variedades de manzanas que existen. Recuerda que las verdes son agrias, y si lo que deseas es endulzar tu batido, debes optar por las amarillas o por la variedad Fuji.

Aguacate: algún día quiero tener mis propios árboles de aguacate. Esta pequeña y cremosa delicia es una fuente excelente de grasa y vitaminas para tu cuerpo; da sensación de saciedad y es perfecta como fruta de base en tus batidos porque tiene muy poco contenido de azúcar y les confiere una textura muy agradable. El hueso y la piel no son comestibles. ¡Ah!, y en cuanto a las proteínas, los aguacates tienen dieciocho aminoácidos esenciales, de modo que es una proteína vegetal completa. ¡Esto es una buena noticia si estás intentando dejar de comer carne!

Plátano: la fruta mágica universal que se puede añadir prácticamente a cualquier batido porque combina bien con todos los sabores y, por otra parte, es muy asequible. Recuerdo que cuando vivía en Irán los plátanos eran un placer muy difícil de encontrar. Esta fruta es muy nutritiva y ofrece muchos beneficios para tu cuerpo y para tu mente; incluso puede ayudarte a superar una depresión gracias a sus generosos niveles de serotonina. También es buena para la indigestión y para controlar un antojo de comer algo dulce. ¡Te aconsejo que tengas siempre plátanos a mano!

Bayas (fresas, arándanos, frambuesas, moras, uvas...): pequeñas, sabrosas y sorprendentemente coloridas, las bayas son también un poderoso aliado de tu salud que te protegen todo el cuerpo, incluyendo la cabeza y el corazón. Estos frutos ricos en antioxidantes y con un bajo contenido de azúcar combinan maravillosamente con las verduras de hoja. Las recetas de este libro incluyen bayas frescas o congeladas. Anímate a probar otras combinaciones que yo no haya mencionado. ¡Las bayas tienen un papel fundamental en el color final de tu batido!

Coco: este fruto delicioso se utiliza para múltiples propósitos y puedes añadir a tus batidos leche, carne e incluso aceite de coco, aunque este último es muy rico en grasas y no lo he incluido en ninguna de mis recetas. ¿Sabías que durante la Segunda Guerra Mundial en algunos casos los médicos utilizaban agua de cocos jóvenes en las transfusiones que debían realizar de urgencia a los soldados que habían sido heridos en combate? Esto indica que el agua de coco es de gran pureza. Aprende cómo se abre un coco y utilízalo en tus batidos.

Higo: para mí es el rey de todas las frutas. Los higos son una antigua fruta originaria de Asia, con un sabor y una textura exquisitos. Es una elección extraordinaria para cualquier batido. ¿Sabías que los romanos se regalaban higos el primer día del nuevo año? Y la tradición bíblica sostiene que Adán y Eva se cubrían con las hojas de una higuera cuando fueron expulsados del paraíso. En el budismo, la higuera es símbolo de iluminación. Se dice que Buda alcanzó la iluminación mientras estaba sentado debajo del árbol Bodhi (que es un tipo de higuera). Puedes comprar higos frescos y congelarlos. No son baratos, ¡pero en este caso creo que te mereces ese lujo!

Kiwi: admito que no soy muy aficionada a los kiwis, pero esta pequeña fruta tiene más vitamina C que sus primos los cítricos y es muy popular como ingrediente para batidos. Su cáscara no es comestible y se pueden utilizar frescos o congelados. Potencian tu inmunidad, mejoran el funcionamiento de tu aparato digestivo y regulan los niveles de azúcar en sangre. Puedes usarlos de la manera que más te plazca.

Limón: con esta fruta puedes hacer montones de cosas. Yo me froto la piel con zumo de limón fresco, pues es una maravillosa mascarilla facial, lo echo en el agua que bebo y en las ensaladas o lo exprimo para usar el zumo fresco en mis batidos. Los antiguos romanos creían que los limones ayudaban a eliminar el veneno del cuerpo. Esta fruta es excelente para tu salud y unas pocas gotas de su zumo contribuyen a que un batido se conserve más tiempo en la nevera. ¡Ten siempre un limón al alcance de la mano!

Lima: hermana del limón, la lima tiene propiedades muy similares. La he incluido únicamente en un pequeño número de recetas. Obra maravillas en los batidos salados.

Mango: es una excelente fruta de base para tus batidos porque les confiere una textura cremosa. Los mangos son muy nutritivos porque contienen muchas vitaminas y minerales. Se pueden utilizar tanto frescos como congelados. Además de limpiar la piel, estos frutos de color amarillo y rojo llenan el estómago por ser ricos en fibra. ¡Quítales la piel y el hueso y ya están listos para usar!

Naranja: ¿sabías que las naranjas y las espinacas se combinan como el pan y la mantequilla? Yo lo desconocía, pero es verdad. La naranja es una fruta que todo el mundo aprecia y, como probablemente sabes, contiene antioxidantes y es muy nutritiva y saludable. Úsala en tus batidos porque su sabor cítrico atempera el sabor amargo de las verduras, pero recuerda que debes pelarla inmediatamente antes de echarla en la batidora y que nunca debes comer la piel.

Pera: esta fruta es una excelente fuente de fibra, tiene gran cantidad de

vitaminas y minerales y es relativamente baja en azúcar; por todo ello puede ser una excelente opción para usar como base en los batidos. Las peras no se deben congelar. Úsalas frescas y enteras, descartando las semillas y el tallo. Son relativamente económicas, de modo que puedes darte el gusto de emplearlas con frecuencia.

Piña: el único inconveniente de este fruto delicioso, jugoso y dulce es que es difícil de pelar. Las piñas son exquisitas y pueden conseguir que un batido superverde y amargo se convierta en una fiesta que no te quieres perder. Son recomendables para protegerse de los constipados y resultan muy beneficiosas para tus encías y tus huesos. Actúan como un antiinflamatorio natural, por lo cual contribuyen a curar contusiones y heridas. Cuando uses una piña, debes pelarla cuidadosamente y descartar la parte central, que es más dura que la pulpa.

Melocotón: fresco o congelado, este apreciado fruto originario de China es perfecto para tus batidos porque contiene una gran cantidad de nutrientes. Los melocotones son buenos para reducir el estrés, combatir el cáncer y perder peso; y, como la mayoría de las frutas, están llenos de vitaminas y antioxidantes.

Granada: esta hermosa y nutritiva fruta roja es el símbolo de la fertilidad en China y un ingrediente básico en la cocina persa. Sus beneficios para la salud son numerosos. La granada es la reina de los antioxidantes. Es buena para la digestión, los problemas de vesícula, la piel, la circulación, la pérdida de peso y la inflamación. Las granadas no suelen ser muy baratas pero mereces darte un placer de vez en cuando. Sus semillas son pequeñas joyas jugosas y crujientes de color rojo brillante y sabor agrio. El problema es que su hermosa cáscara es bastante dura y compacta, y no es fácil retirar las semillas. El truco es cortar primero la fruta por la mitad y luego en cuartos, poner luego los cuartos en un cuenco de agua fría y sacar las semillas con los dedos debajo del agua. Comprobarás que así resulta muy sencillo, y ya no tendrás una excusa para no comprar granadas.

PROTAGONISMO DE UNA AMANTE DE LOS BATIDOS

Leslie Broberg

Receta favorita: batido tropical de col rizada con especias

½ plátano fresco o congelado
1 taza de hielo (un poco menos si se usa plátano congelado)
3 hojas de cualquier tipo de col rizada (o más cantidad si se desea
un sabor más intenso) sin los tallos
1 taza de leche de coco sin azúcar añadido
o leche de almendras y vainilla
½ a 1 medida de proteínas en polvo
1 cucharada de coco triturado sin endulzar
1 pizca de nuez moscada
1 pizca de canela

Coloca primero el hielo y el plátano en la batidora; a continuación añade el resto de los ingredientes. Bátelos a una velocidad moderada hasta que estén bien mezclados y luego sirve el batido.

Esta receta es la solución perfecta para dos problemas: qué tomar en el desayuno si te aburres de comer siempre lo mismo y cómo introducir la col rizada en el batido, lo que para mí constituye la última frontera en términos de alimentos verdes. Encuentro que el sabor de la col es un poco fuerte, aunque esta receta tiene muchos otros sabores. Habrás observado que incluye nuez moscada, un añadido clásico en Italia para muchos de los platos verdes que se preparan en casa. El objetivo de añadir este ingrediente es compensar el sabor amargo de la col.

Leslie Broberg es una cocinera autodidacta que se convirtió en chef personal a la edad de quince años y más adelante fue periodista y editora en el sector de las publicaciones científicas. Le encanta ir a buenos restaurantes, aunque actualmente cocina mucho más en su casa. Leslie afirma que preparar tus propias comidas sanas marca una gran diferencia y añade que hay muchas recetas sabrosas y saludables que no requieren mucho tiempo de preparación. Tiene un blog en el que comparte algunas de sus experiencias: www.iwantavitamix.com.

Superalimentos, semillas y polvos

La atención a la salud es el mayor obstáculo de la vida.

PLATÓN

¿Y qué son los superalimentos? Algunos dirían que *superalimento* es un término de *marketing* que se utiliza para describir alimentos que, supuestamente, tienen beneficios para la salud. Un superalimento es un alimento denso en nutrientes con beneficios particulares para la salud. En nuestros días, es un término muy popular en la industria de la salud. Sinceramente, todas las frutas y verduras, en especial las hortalizas de hoja, son un tipo de superalimento. Son superiores a prácticamente cualquier otro producto presente en tu dieta diaria, aun cuando no estén envasados con un sello de aprobación oficial de una empresa.

Superalimento puede querer decir un montón de cosas. Si buscas la palabra en Internet encontrarás docenas de listas diferentes, y en ellas encontrarás desde manzanas y legumbres hasta avena y bayas, pasando por pescado y yogur. Cada lista destaca un aspecto de los beneficios nutricionales de cada alimento en particular. Todos ellos pueden ser muy favorables para tu salud y si los

añades a tu dieta con moderación, disfrutarás de sus beneficios. Pero los superalimentos a los que me refiero aquí para usar en los batidos no se encuentran obviamente en la categoría de productos lácteos ni de legumbres.

Yo defino los superalimentos como las frutas, las verduras de hoja y otros vegetales menos conocidos presentados en una preparación concentrada, que aportan un contenido nutricional superior al de los demás alimentos. Son productos integrales que han sido cultivados sin alterar la forma, sin añadir plaguicidas ni sustancias químicas y con excelentes perfiles nutricionales. Y aunque se comercialicen envasados, todos ellos son alimentos naturales. No los encontrarás en la sección de frutas y verduras biológicas, sino en tiendas de alimentación sana o herbolarios.

Los batidos verdes son la forma más fácil de introducir a hurtadillas dichos superalimentos en tu cuerpo. Si quieres obtener un suplemento extra de proteínas y una alta dosis de antioxidantes, puedes agregar bayas

de goji o bayas de acai en polvo, semillas de chía y semillas de lino molidas para reforzar tu ingesta de ácidos grasos omega 3 de origen vegetal y cacao puro y raíz de maca en polvo que te proporcionarán una inyección de energía, por no mencionar su delicioso y característico sabor.

Quiero aclarar algo importante: tú no necesitas superalimentos. Puedes añadirlos a tus batidos, y de eso trata esta sección, pero también puedes olvidarte de ellos y confiar en los poderes de un puñado de frutas y verduras, que te ofrecen una gran cantidad de nutrientes, minerales, vitaminas y otros beneficiosos elementos más. Mi objetivo es que los batidos estén fácilmente a tu alcance y te resulten asequibles; creo que depender de ingredientes exóticos, a menudo difíciles de encontrar y casi siempre caros, no es el camino.

La mayoría de las recetas de este libro se han concebido para que puedas decidir libremente si quieres o no utilizar algún superalimento. Es posible conseguir sabores exquisitos y una nutrición excelente sin tener que recurrir a productos exóticos en polvo que suelen ser caros porque están de moda. Yo preparo habitualmente una gran cantidad de batidos deliciosos sin utilizar superalimentos.

Una vez dicho esto, los superalimentos añaden mucho sabor, variedad y diversión a tus batidos además de ser muy nutritivos, como ya te mencioné. De manera que si puedes permitírtelo, te recomiendo que los pruebes. He probado muchos superalimentos y en la siguiente sección incluyo algunas recomendaciones bajo el título «Los diez mejores superalimentos» para ayudarte a decidir cuál puedes utilizar.

Asegúrate de guardar todos los superalimentos en recipientes con tapas herméticas y almacenarlos en un lugar fresco (no necesariamente en la nevera, será suficiente con guardarlos en la despensa). En el caso de que hayas molido las semillas de lino, es mejor refrigerarlas.

Los diez mejores superalimentos

Estos son los superalimentos que yo utilizo y que he incluido en las recetas que presento en este libro. Los encontrarás con relativa facilidad en la mayoría de las tiendas de alimentación sana o herbolarios, o puedes pedirlos a través de Internet:

Bayas de goji: estas hermosas bayas de color rojo oscuro suelen comercializarse secas y envasadas, son un verdadero superalimento y además son muy sabrosas. Contienen grasas saludables, fibra soluble, una gran dosis de antioxidantes y minerales como zinc, hierro y fósforo. Se dice que tienen más vitamina C que las naranjas y más beta-caroteno que las zanahorias. Su delicioso sabor hace que las utilices una y otra vez. Mi marca favorita de bayas de goji es *Navitas Naturals.*

Semillas de lino en polvo: estas semillas solo deben utilizarse molidas. Una cucharada ofrece un refuerzo de ácidos grasos esenciales, especialmente omega 3. Contienen una alta dosis de fibra y un suave sabor a frutos secos, además de vitaminas y minerales. Consumiéndolas obtienes vitamina B_6, calcio, magnesio, hierro y folato. Me gusta la marca *Navitas Naturals* porque no contiene gluten, es vegana y biológica. Puedes añadir semillas de lino en polvo prácticamente a cualquier batido que no sea salado.

Semillas de acai en polvo: este polvo de color púrpura oscuro le da un maravilloso sabor a bayas al batido que tomas para desayunar; es rico en antioxidantes y una fuente excelente de ácidos grasos, fibra y proteínas; además, tiene propiedades antiinflamatorias y anticancerígenas. Es originario de los bosques tropicales amazónicos y uno de los alimentos de los que dependen

las culturas indígenas para su sustento y para conservar la salud. Una vez más, mi marca preferida es *Navitas Naturals*.

Semillas de cáñamo y cáñamo en polvo: puedes adquirir el cáñamo molido o en semillas. Yo prefiero tomarlo en semillas y mi marca favorita es *Hemp Hearts*, de Manitoba Harvest, porque tienen un delicioso sabor a frutos secos y son ligeramente crujientes. No es necesario moler las semillas antes de añadirlas a los batidos, pero puedes utilizarlas enteras o en polvo. Son una fuente excelente de proteínas vegetales y de los ácidos grasos esenciales omega 3 y 6. Tal como indico para las semillas de lino, puedes agregar cáñamo en polvo o en semillas a cualquier batido que no sea salado. El cáñamo es uno de los mejores alimentos para fortalecer los músculos.

Semillas de chía: puedes consumir estas semillas de color negro en su estado natural u optar por el polvo de semillas de chía germinadas. Una vez más, debo decir que mi marca preferida es *Navitas Naturals*. Estas semillas

proceden de América Central, donde se utilizan en la alimentación y en medicina; contienen una abundante cantidad de ácidos grasos omega, proteínas, antioxidantes, vitamina B_{12}, folato y fibra dietética. Proporcionan mucha energía y nutrientes que fortalecen y tonifican el organismo. Estas preciosas semillas también añaden sabor y textura a los batidos y son muy adecuadas para los que no son salados y los que se toman como desayuno.

Semillas de sésamo: son muy antiguas y proceden del Lejano Oriente. Tienen un alto poder nutritivo, están llenas de minerales, como por ejemplo hierro, zinc, manganeso y cobre, y además son una fuente importante de vitaminas y fibra. Me encantan las semillas de sésamo crudas, pero si lo prefieres también puedes comprarlas tostadas. Es una de mis semillas preferidas debido a su sabor, y puedes añadirlas prácticamente a cualquier batido, salado o dulce.

Semillas de girasol: estas deliciosas semillas, que por sí solas pueden servir como un aperitivo perfecto, le otorgan brillo a tu piel. Contienen varios minerales, como cobre, fósforo y selenio, y son una buena fuente de vitaminas E, B_1 y B_5, fibra y folato. Pero eso no es todo. También son muy nutritivas, pueden calmar la ansiedad y favorecen la relajación mental. No te olvides de añadirlas a tus batidos de vez en cuando; ¡con ellas cualquier batido tendrá un sabor más delicioso!

Cacao en polvo: tiene un sabor tan exquisito que una vez que lo pruebes ya no querrás vivir sin él. Al menos eso es lo que me ha sucedido a mí desde que mi marido preparó una receta natural, vegana y sin gluten tipo *brownie* en la época en que mi alimentación era exclusivamente vegana. El cacao en polvo es ideal para preparar exquisitos batidos que sirven de postre, entre otros. Tan pronto como comiences a usarlo, asociarás el sabor del chocolate al de este producto maravilloso y refinado, e incluso puedes llegar a olvidarte de los dulces o barras de chocolate que sueles consumir y que, por cierto, no son muy saludables.

El cacao en polvo es una excelente fuente de antioxidantes y también es rico en magnesio y hierro. Intenta comprarlo en su forma natural. Mi marca favorita es definitivamente *Navitas Naturals*.

Té verde matcha: se trata de un té en polvo, finamente molido y de gran calidad. El té matcha no es igual al té ni al té verde normales que solemos comprar. Es una bebida extraordinaria, de sabor amargo e intenso, originaria del antiguo Japón, y tiene aún más beneficios que el té verde normal. Contiene gran cantidad de antioxidantes, colabora con la digestión, proporciona energía y desintoxica el organismo. Pero aún hay más. El té matcha contiene una clase potente de antioxidantes, conocidos como catequinas, con propiedades anticancerígenas y que no son fáciles de encontrar en otros alimentos. Úsalo con moderación, empezando por un cuarto de cucharada.

Espirulina: pertenece a la familia de las algas de color azul verdoso y está llena de fitonutrientes, que constituyen una gran fuente de proteínas. Es mejor consumirla en polvo. Este es uno de los superalimentos a los que probablemente te llevará un tiempo acostumbrarte debido a su gusto particular, de manera que comienza con pequeñas cantidades y auméntalas gradualmente porque su sabor es bastante intenso y además una pequeña cantidad rinde mucho. Es un alimento excelente, conocido por potenciar la resistencia y también por frenar el hambre. Si añades media cucharada a tu batido, disfrutarás de múltiples beneficios. Independientemente de cuál sea el batido que prepares, la espirulina le dará un color azul verdoso profundo como el del océano. Es casi mágico.

¿Se puede añadir proteínas en polvo a tu batido?

Claro que puedes hacerlo. Todas las proteínas en polvo de las que hablo aquí son veganas y pertenecen a las mejores marcas. Te sugiero que compruebes los ingredientes de las proteínas en polvo que adquieres y te asegures de que la marca sea de primera calidad y que muchos clientes

la hayan recomendado. Una buena alternativa son las proteínas en polvo naturales y veganas derivadas del arroz integral, de germinados o de otras plantas que no sean soja.

No obstante, recuerda que no es necesario utilizar proteínas en polvo para que tu batido saludable sea una comida completa. Las mantequillas o leches preparadas a base de frutos secos, las semillas de chía, de cáñamo o de lino, las hortalizas de hoja y otras verduras te aportan una buena cantidad de proteínas, que son más naturales y de mejor calidad para tu organismo. Si eres deportista, si quieres desarrollar tus músculos y también si lo único que pretendes es agregar más proteínas y calorías a tu batido para que sea una comida más suculenta, puedes añadirle proteínas en polvo.

Marcas recomendadas de productos selectos

He elaborado una lista de algunas de mis marcas favoritas para comentarte las ventajas de algunos de los superalimentos, de las proteínas en polvo y también de otros ingredientes que puedes añadir a tus batidos. No se trata de una lista exhaustiva puesto que actualmente hay una enorme cantidad de empresas que comercializan productos sabrosos y sanos que puedes utilizar en tus batidos.

Como es evidente, para elaborar la lista me he basado en mi gusto personal, por eso te animo a que investigues y pruebes diferentes productos.

MARCAS RECOMENDADAS DE PRODUCTOS		
Producto	Recomendación	¿Por qué?
Bayas de goji	Bayas de goji Navitas Naturals	Bayas de goji excelentes, que les confieren un buen sabor a los batidos; buena relación calidad-precio
Semillas de lino en polvo	Semillas orgánicas germinadas en polvo Navitas Naturals	Fáciles de digerir, de excelente calidad y prácticamente inodoras
Semillas de acai en polvo	Semillas de acai biológicas en polvo Navitas Naturals	Polvo superfino de excelente calidad presentado en un envase agradable
Semillas de cáñamo/semillas de cáñamo en polvo	Semillas de cáñamo Manitoba Harvest	Semillas de cáñamo de la mejor calidad con aroma a nuez y exquisito sabor; envase agradable y buen precio
Semillas de chía en polvo	Semillas de chía germinadas en polvo Navitas Naturals	Es mejor consumir las semillas de chía en polvo, y esta marca comercializa un delicioso polvo finamente molido
Cacao en polvo	Cacao biológico natural en polvo Navitas Naturals	El MEJOR cacao en polvo biológico, natural, de calidad superior y simplemente delicioso
Té verde matcha	Té matcha orgánico ceremonial DoMatcha	Excelente té matcha finamente molido, de buen precio y presentado en un envase que lo mantiene fresco
Espirulina	Espirulina hawaiana en polvo Nutrex Hawaii	Excelente fuente de espirulina de una marca de confianza, excelente calidad y buen precio

MARCAS RECOMENDADAS DE PRODUCTOS		
Producto	**Recomendación**	**¿Por qué?**
Copos de avena	Copos de avena sin gluten Bob's Red Mill	Los copos de avena más deliciosos y de la mejor calidad; buena absorción, marca de confianza
Mezcla en polvo para batidos	Mezcla de superalimentos biológicos en polvo para batidos GreenLifeFood	Extraordinaria mezcla de verduras, vegetales y superalimentos que incluye hierba de trigo; es natural y biológica y combina bien con los batidos de frutas
Mezcla en polvo para batidos	Infusión de chocolate Amazing Meal de Amazing Grass	Gran valor nutricional, bajo contenido de azúcar y excelente sabor; se mezcla perfectamente bien en el batido, no tiene textura arenosa ni granulada y deja un sabor agradable en la boca
Mezcla en polvo para batidos	Té de vainilla Amazing Meal de Amazing Grass	Bajo contenido de azúcar y sabor delicioso; se mezcla bien, compensa el sabor amargo de las verduras y es una excelente fuente de proteínas
Mezcla en polvo para batidos	Superalimentos antioxidantes BerryRadical de Miessence	Una fuente de antioxidantes de extraordinaria calidad con ingredientes naturales y de una marca de confianza
Mezcla en polvo para batidos	Superalimentos probióticos InLiven de Miessence	Una fuente de probióticos de extraordinaria calidad con ingredientes naturales y de una marca de confianza
Proteínas veganas en polvo	Proteínas de cáñamo biológico en polvo con sabor original Living Harvest	Este producto es una excelente fuente de proteínas que no alteran el sabor de los batidos y son fáciles de digerir; aroma original, marca de confianza
Proteínas veganas en polvo	Proteínas de cáñamo biológico en polvo, chai de vainilla Living Harvest	Producto muy sabroso que es una extraordinaria fuente de proteínas; marca de confianza, buen aroma y bajo contenido de azúcar

MARCAS RECOMENDADAS DE PRODUCTOS		
Producto	Recomendación	¿Por qué?
Proteínas veganas en polvo	Mezcla de proteínas Raw Power, aroma original	Excelente polvo de proteínas que se mezcla bien en cualquier batido, es insípido y muy fácil de digerir
Proteínas veganas en polvo	Proteína natural de arroz integral en polvo Raw Power de Raw Warrior	Delicioso polvo de proteínas ideal para todos los batidos; la marca es de primer nivel. Me encanta este producto
Proteínas en polvo	Standard Process SP. No contiene productos lácteos	Marca de confianza de calidad comprobada, excelente fuente de proteínas; es un producto que no tiene sabor y fácil de digerir
Proteínas veganas en polvo	Mezcla de proteínas naturales Warrior Blend, de Sunwarrior	Deliciosa y excelente fuente de proteínas; el tamaño de las porciones es perfecto, tiene buen precio y es fácil de digerir

PROTAGONISMO DE UNA AMANTE DE LOS BATIDOS

Vickie Velásquez

Receta favorita: batido de espirulina de verano de Vickie

2/3 de taza de leche de soja

1/3 de taza de leche de coco

1 plátano cortado en trozos

1 taza de col rizada desmenuzada

1 taza de hojas de espinaca

1 taza de fresas sin tallo ni hojas

1 cucharada de semillas de lino molidas

1 cucharada de espirulina en polvo

4 cubitos de hielo

Vickie Velásquez comenzó una dieta vegetariana en enero de 2013. Creó un *postcad* y una página web (www.vegetarianzen.com),

Vegetarian Zen, con su socia Larissa Galenes, con el propósito de ayudar a otras personas a conocer los numerosos beneficios de una dieta rica en alimentos vegetales. La mayoría de sus seguidores no son vegetarianos; se describen a sí mismos como «personas que sienten curiosidad por los vegetales» y quieren conocer alternativas de alimentación más sanas. ¡Y ella está allí para ayudarlos! Se inspiró para crear este batido después de una intensa rutina de cardio y entrenamiento de resistencia. Sabía que necesitaba tomar proteínas para revitalizar sus músculos, así que optó por la espirulina, las espinacas y la col rizada. Como era un caluroso día de verano en el sur de Texas, quiso incluir ingredientes con sabor tropical y por eso utilizó plátanos, fresas y agua de coco.

Elegir la base líquida

La mayor locura es sacrificar la salud por cualquier otro tipo de felicidad.

ARTHUR SCHWEITZER

Tu batido necesita una base líquida que facilite una mezcla adecuada de los ingredientes y, como ventaja añadida, también para potenciar el sabor. El líquido no es solamente necesario para conseguir la textura correcta, sino también para evitar que el motor de la batidora se deteriore.

La base líquida más sencilla es agua filtrada. Si lo deseas, puedes utilizar esta base en todas las recetas de batidos. Yo suelo usar agua del grifo a temperatura ambiente, previamente filtrada. Tú puedes emplear cualquier tipo de agua filtrada. Evito la embotellada por varias razones, pero la principal es que me gusta más el sabor de la filtrada. Se trata simplemente de una cuestión de preferencia personal, aunque por otro lado utilizar agua embotellada encarece los batidos y resulta un poco más incómodo. Y la prefiero a temperatura ambiente porque la fruta congelada ya enfría el batido.

Si quieres que tu batido sea más espeso y más sabroso, hay varias opciones deliciosas y divertidas.

Las leches de frutos secos son una base líquida muy cremosa. Si no quieres que los batidos sean muy cremosos, la mitad del líquido puede ser leche de frutos secos y la otra mitad agua. En algunas ocasiones, también utilizo zumo recién exprimido. Puedes mezclarlo con tu batido, pero te recomiendo muy especialmente que lo prepares en tu propia cocina y no optes por los zumos embotellados.

Puedes comprar leche de frutos secos o prepararla en casa con una batidora de alta potencia, como por ejemplo Vitamix o Blendtec, o también con un procesador de alimentos. La leche de frutos secos casera es deliciosa pero yo suelo comprarla en *Whole Foods* para ahorrar tiempo y molestias. Las marcas que prefiero son Silk, Blue Diamond y Califia. Al escoger la leche de frutos secos, me inclino por las que no contienen azúcar y están enriquecidas con calcio y vitamina D, que potencia la absorción del calcio. Las que contienen potenciador de sabor en general incluyen azúcar y probablemente también colorantes alimentarios que no son buenos para tu salud. Lee los ingredientes antes de comprar una leche de frutos secos.

Yo evito la leche de soja porque es menos nutritiva y, personalmente, no la encuentro sabrosa. No obstante, la verdadera razón por la que me niego a utilizarla es que existen estudios bastante controvertidos sobre la soja, y una gran cantidad de ellos afirman que no es buena para la salud y que incluso puede llegar a ser perjudicial. Así que, ¿para qué arriesgarse? Y como tampoco me gusta su sabor la descarto y opto por otras alternativas más sanas y deliciosas. En definitiva, mi consejo es que te olvides de la leche de soja.

Tienes toda la libertad para modificar algunas recetas. Si en una de ellas utilizo leche de almendras pero a ti te apetece tomar un batido más ligero, puedes usar leche de almendras y agua filtrada a partes iguales. O también a la inversa: cuando una receta indique agua filtrada, acaso prefieras utilizar agua de coco para potenciar su sabor pero sin alterarlo demasiado.

Las bases líquidas para batidos que he utilizado en este libro son:

Agua filtrada: utilizo un filtro Britta para filtrar el agua del grifo y la mantengo a temperatura ambiente.

El agua filtrada es la base de todas mis recetas saladas, y también de unas pocas que no lo son, y constituye la base perfecta para tus futuros brebajes.

Leche de almendras: la leche de almendras sin endulzar es mi base líquida favorita cuando no utilizo agua. Ahora ya puedes comprarla en una tienda normal de comestibles o en el supermercado. Asegúrate de que no contiene azúcar ni potenciadores de sabor. Las que son aromatizadas en general tienen azúcar añadido.

Leche de coco: la leche de coco sin azúcar es otra de mis bases líquidas favoritas, ¡en especial cuando la combino con piña! La leche de coco es el líquido que se obtiene al rallar la carne del coco. Su color y su intenso sabor se pueden atribuir a su alto contenido de aceite. La mayor parte de las grasas que contiene son saturadas. Una vez más, debes comprar la que no contiene azúcar añadido.

Agua de coco: es el líquido transparente que hay en el interior de los cocos jóvenes. No es tan

espesa como la leche de coco ni tiene un contenido tan alto de grasas, pero es más nutritiva que el agua filtrada. Si te apetece sustituir el agua por algo más nutritivo pero no deseas usar leche de frutos secos, esta es una excelente opción intermedia.

Leche de almendras y coco: hay varias marcas que comercializan leche de almendras y de coco que también venden una combinación de ambas. Yo suelo utilizarla con frecuencia porque tiene un intenso sabor a frutos secos y al beberla te beneficias de los nutrientes que aportan las almendras y también el coco. Como ya he mencionado, hay que decantarse por la versión sin azúcar añadido. Tienes toda la libertad para reemplazar este delicioso producto por cualquier otra leche de frutos secos.

Té verde matcha: el té matcha no es cualquier té. Es una máquina antioxidante de primera calidad de un superalimento. Puedes añadirle a tu batido de media a una cucharada de té en polvo con una base de agua, aunque la mejor manera sería preparar primero correctamente el té y dejarlo enfriar luego en la nevera. Para preparar el té de la forma adecuada tienes que echar una cucharada en un cuenco matcha, hervir una taza y media de agua y dejarla enfriar durante cinco minutos antes de verter el agua en el cuenco. A continuación, hay que batir rápidamente la mezcla hasta que el té se disuelva y el líquido quede cubierto por una espuma de color claro. Es normal que parte del polvo permanezca en el fondo del cuenco. Déjalo enfriar en la nevera y ya tienes la base líquida para tu próximo batido.

Leche de cáñamo: no suele ser una de mis elecciones habituales porque prefiero consumir el cáñamo en semillas, pero si te gusta la leche de cáñamo, no dudes en utilizarla. *Living Harvest* tiene una marca de gran calidad llamada *Tempt Hemp*, que he utilizado satisfactoriamente.

Leche de anacardos: no es muy común encontrarla en las tiendas y probablemente tendrás que elaborarla en casa. Pero el trabajo vale la pena si te gusta el sabor de los anacardos. Puedes preparar esta leche de frutos secos con tu procesador de alimentos o con una batidora de gran potencia. Los anacardos son más económicos que las almendras, y ahorrarás dinero si preparas la leche en casa.

Leche de arroz: es la menos nutritiva de las leches que no son de origen animal y, además, la que tiene el sabor más suave. La he usado lo suficiente para saber que no me interesan ni su sabor ni su valor nutricional. Por eso te recomiendo que la utilices solo en un momento de apuro.

Otra opción es el zumo exprimido natural o embotellado. Pero ten en cuenta que este último debe ser de presión en frío y sin ningún aditivo. No he empleado este producto como base en las recetas porque utilizar la batidora y la licuadora para preparar un batido implica un esfuerzo doble. Pero si por la mañana, o incluso ayer, has preparado zumo fresco de zanahoria o naranja, ¡siéntete libre para dejar volar tu creatividad!

Mezclar y combinar sabores

Pon tu cerebro en marcha antes de que tu boca entre en acción.
AUTOR DESCONOCIDO

Mezclar y combinar sabores en tu batido puede ser muy divertido, pero lleva un cierto tiempo adquirir práctica. En todas las recetas hay una base de fruta además de una fruta que le da sabor. La fruta de base es el primer gusto que notarás en tu batido y la segunda la añades para obtener sabores adicionales y potenciar su perfil nutricional.

Las frutas que dan sabor a los batidos son totalmente opcionales, pero te recomiendo que las utilices porque realzan el sabor de un batido verde y suavizan el sabor intenso y amargo de las verduras.

A continuación incluyo algunas ideas sobre frutas de base y frutas para dar sabor que combinan extraordinariamente bien, pero te recuerdo que no es la única forma de combinarlas. Estas son combinaciones que simplemente me gustan mucho y las he utilizado en algunas de las recetas que presento en este libro con la intención de ayudarte a iniciar tu viaje con los batidos. Puedes usarlas o crear otras nuevas combinando y mezclando sabores, e investigando según lo que te dicte el corazón.

Combinaciones absolutamente deliciosas de frutas de base y frutas para dar sabor

- Plátanos con cualquier baya
- Plátanos con peras
- Aguacate con piña
- Aguacate con pera
- Aguacate con granada
- Mango con piña
- Mango con granada
- Melocotón con fresas
- Pera con manzanas

Puedes añadir nuevos sabores utilizando superalimentos, hierbas aromáticas y especias. También puedes usar proteínas en polvo si así lo deseas, pero recuerda utilizar polvos neutrales para mantener intacto el sabor de la fruta. Si quieres obtener más sabores en cada sorbo (o cucharada), agrega ingredientes divertidos, como puede ser el cacao, las bayas de goji o alguna especia como vainilla o canela.

En algunas ocasiones desearás preparar una receta simple; en otras te apetecerá incluir un poco de diversión y aventura en tu vaso. Algunas veces echo en mi batido las verduras y los ingredientes necesarios para obtener tres sabores; otras, me apetece algo más entretenido y complejo. A medida que aprendas a escuchar lo que te pide el cuerpo, la mejor manera de responder es preparar un batido mágico.

Recuerda que puedes añadir un sabor adicional utilizando una pizca de canela, nuez moscada, *pumpkin pie espice* o extracto o vainas de vainilla a cualquiera de las recetas.

Lo que no debes añadir a tus batidos

Es más fácil cambiar la religión de un hombre que modificar su dieta.
MARGARET MEAD

Nunca añadas azúcar, edulcorantes artificiales, sirope de maíz o de cualquier otro tipo ni alimentos refinados a tus batidos saludables.

¡Imagino que no querrás desperdiciar todos los esfuerzos que has invertido en crear una bebida absolutamente saludable! Endulza tus batidos de forma natural, por ejemplo aumentando la dosis de la fruta de base, que debe ser fresca. Y si deseas un sabor más dulce, puedes añadir una pequeña cantidad de miel cruda o frutas secas, como dátiles o higos, pero intenta endulzar primero el batido con frutas. Si no consigues el sabor que deseas solo con las frutas, emplea miel cruda como último recurso.

Los endulzantes en polvo, como la estevia o la Splenda, y los siropes como el de ágave no te aportan ningún beneficio. ¡El objetivo esencial de los batidos es ayudarte a no consumir azúcares procesados y a controlar tu deseo de comer dulces! Este proceso de cambio requiere que tus papilas gustativas se adapten gradualmente a sabores dulces de mejor calidad.

Tus batidos serán lo bastante dulces si utilizas únicamente fruta, pero si los deseas aún más dulces, simplemente puedes aumentar la cantidad, en especial cuando comienzas a familiarizarte con ellos. Gracias a la fruta, tus papilas gustativas se adaptarán a los sabores naturales del azúcar y podrás abandonar paulatinamente tu adicción a los dulces. Esta es una de las grandes ventajas de los batidos: puedes entrenar tus papilas gustativas para que lleguen a apreciar los sabores naturales de las frutas y hortalizas y conseguir que los alimentos endulzados con azúcares artificiales ya no representen una tentación. Si eres paciente contigo mismo, llegarás a aprovechar este importante beneficio. Endulza tus batidos únicamente con productos naturales y pronto llegarás a conseguir el sabor perfecto.

PROTAGONISMO DE UNA AMANTE DE LOS BATIDOS

Adrienne Jurado

Receta favorita: no es piña colada
*200 g de kéfir (natural, sin endulzar y preferiblemente
hecho en casa)*
1 cucharada de aceite de coco virgen
1 plátano (a medio madurar)
1 ½-2 tazas de espinacas
1 taza de fresas
1 tazas de cubitos de hielo (½ taza si utilizas fresas congeladas)
1 cucharada de miel (opcional)

El momento decisivo para Adrienne comenzó de un modo inesperado hace aproximadamente tres años. Asistió a la reunión que una amiga celebraba para dar a conocer una línea de productos de belleza. Le impactó descubrir la cantidad de sustancias químicas presentes en los productos de cuidado para la piel. Al conocer esa información, tomó conciencia de que si lo que se echaba sobre el cuerpo era tan importante para su salud, cuánto más importante era lo que introducía en él. Esto la llevó a renovar completamente su dieta, que ahora se basa predominantemente en carne de animales criados y alimentados en libertad y en verduras, frutas, frutos secos y grasas saludables. Cuando intentó subirse al tren de los batidos verdes, fracasó una y otra vez hasta que decidió comprar una batidora de primera calidad. Ahora disfruta de un delicioso batido verde casi todos los días.

El batido «no es piña colada» es muy simple e ideal para tomar cuando hace calor y estamos en la playa. Adrienne se sorprende de que le recuerde tanto a la piña colada real, incluso sin contener piña. Es un batido exquisito que puedes disfrutar sin sentir ninguna culpa.

Adrienne Jurado es instructora de yoga y facilitadora vivencial de relaciones de equipo. Tiene un blog, en el que habla de física, de psicología, del servicio militar y de liderazgo al aire libre. En las clases de yoga que ofrece en su comunidad de bienestar y yoga online, www.yogadrienne.com, mantiene la práctica a un nivel simple y entretenido con el fin de que resulte más fácil para los principiantes.

EN LA COCINA: PREPARÁNDOTE PARA MEZCLAR INGREDIENTES

La belleza de los batidos consiste en que son muy fáciles de preparar. En prácticamente cualquier cocina hay una batidora, un cuchillo, una nevera y un enchufe. Estas son las herramientas básicas del arte de preparar batidos. En este capítulo voy a explicar detalladamente cómo acelerar el proceso, mejorarlo y hacerlo más eficaz, dado que existen varios factores que pueden afectarlo.

En primer lugar, el tipo de batidora que elijas influirá directamente en el resultado, y también determinará que la preparación de tus batidos sea fácil y divertida o, por el contrario, una tarea engorrosa. No tienes que comprar una potente y carísima batidora, pero necesitas una de buena calidad.

En segundo lugar, la forma de comprar, lavar, guardar y preparar los ingredientes influye enormemente en el hecho de que incorpores el hábito a tu vida o que abandones después de algunos intentos. Es posible que tengas mucho tiempo libre para pensar en ello y que tu agenda siga los ritmos de la naturaleza. En ese caso, no necesitas esta sección. Pero muchos de nosotros tenemos una vida ajetreada y cada una de las diferentes etapas de preparación de los productos nos puede ahorrar tiempo, con lo cual será más fácil que la tarea resulte placentera y que los batidos estén presentes en nuestra vida cotidiana.

Tu objetivo es eliminar los obstáculos, incluso uno tan pequeño como reemplazar un cuchillo que no corta por uno afilado o comprar bolsas con cremallera de buena calidad para guardar la fruta congelada. Solo tienes que ocuparte de los preparativos necesarios para tener todo listo antes de hacer el batido; si no lo consigues, preparar tus batidos te supondrá mucho tiempo y pronto te sentirás frustrado y tendrás la tentación de abandonar.

No dejes que eso suceda. ¡Los batidos pueden ser una actividad muy divertida! ¡Vamos a hacernos expertos en la preparación de batidos saludables e irresistiblemente deliciosos!

Elementos básicos de los batidos

Ninguna enfermedad que pueda tratarse a través de la dieta debería tratarse con otros medios.

MAIMÓNIDES

Existen escasos impedimentos para introducirse en el mundo de los batidos. Necesitas muy pocos utensilios para preparar batidos deliciosos y sería una tontería negarse ese placer. Por otra parte, no tienes que ser un experto en nutrición ni en medicina para hacerlo bien. Preparar batidos sanos es un arte que cualquier persona puede aprender. De hecho, lo único que necesitas es una batidora. Una vez que la tengas, todo lo demás es fácil de conseguir. En la siguiente sección te enseñaré a elegir la batidora que se adapte mejor a tus necesidades y presupuesto. Aquí está todo lo que precisas para preparar tus batidos de una forma rápida, divertida y simplificada:

Un cuchillo afilado o un juego de cuchillos. Tendrás que cortar una gran cantidad de frutas y verduras. Tienes mayor riesgo de cortarte con cuchillos que no cortan bien y que, además, pueden demorar la tarea, haciéndote perder parte de tu precioso tiempo. Por lo tanto, te recomiendo invertir un poco de dinero en un cuchillo de calidad.

Una tabla de cortar. Yo prefiero las de bambú, pero tú puedes usar la que más te guste. Nunca cortes la fruta y la verdura sobre la mesa de la cocina.

Una nevera y un congelador. Esto es algo que casi todo el mundo tiene. Necesitas la nevera porque debes guardar las frutas y verduras en un sitio frío y el congelador para congelar algunas frutas. Cuando los plátanos no están congelados, pueden permanecer a temperatura ambiente.

Una frutería o un mercadillo de productores próximo a tu domicilio. Me sorprendió darme cuenta de que no conocía la gran cantidad de fruterías que hay en un radio de ocho kilómetros alrededor de mi casa. Si siempre compras en la misma tienda, te recomiendo buscar otras opciones. En las tiendas regentadas por hindúes o asiáticos suele haber verduras y frutas a precios muy razonables. En los mercadillos de agricultores puedes conseguir productos biológicos muy frescos.

Opcional: una tienda de comida sana o un herbolario cercano a tu casa, o la posibilidad de comprar en Amazon o en cualquier otra tienda *online*. Esta es la vía más práctica si quieres adquirir superalimentos o proteínas en polvo. Yo compro la mayoría de mis superalimentos y proteínas en polvo a través de Internet o en *Whole Foods*, y controlo perfectamente lo que puedo gastar. Los superalimentos y las proteínas en polvo son opcionales. ¡Tus batidos verdes con frutas y verduras constituyen tu verdadero superalimento!

Elegir la mejor batidora

Cada paciente lleva a su propio médico dentro de sí mismo.
NORMAN COUSINS

He roto varias batidoras. La primera de ellas fue una muy barata que compré por 17 dólares en Wal-Mart. El motor se quemó poco después, produciendo un montón de humo. Luego adquirí una Oster, cuyo motor también dejó de funcionar, aunque esta vez sin humo. Más tarde tuve una

hermosa batidora Breville que a pesar de costarme 200 dólares no tenía la potencia necesaria para batir fruta congelada, y finalmente decidí regalarla porque no conseguía que los batidos tuvieran la textura cremosa que yo deseaba.

Ahora no puedo vivir sin mi Vitamix. Adoro la Vitamix y no tengo ninguna intención de cambiarla, excepto quizás por una Blendtec, que es la otra batidora de alta potencia que hay en el mercado que puede competir con la Vitamix. Con un precio que va entre los 500 y los 600 dólares, estas potentes batidoras son

caras pero pueden convertirse en un electrodoméstico de cocina básico durante años; se los puede usar varias veces al día sin ningún temor de que se estropeen, por no mencionar la cantidad de cosas que puedes hacer con ellas. A mí me encanta usar la Vitamix para preparar sopas además de batidos, y creo fervientemente que estoy ahorrando dinero al tener una batidora de excelente calidad que me resulta tan extramadamente útil.

Una vez dicho esto, debo añadir que he elaborado algunos batidos impresionantes en una Magic Bullet, y que funciona muy bien. Las marcas

Nutri Bullet y Magic Bullet son sólidas, tienen un motor bastante potente —teniendo en cuenta su tamaño y su precio— y con ellas puedes preparar deliciosos batidos cremosos. También cuentan con la ventaja de que no tienes que servir el batido en otro vaso. Simplemente retiras el vaso de plástico duro en el que has preparado el batido y lo tapas. Los vasos de plástico que incluye esta marca se adaptan bien a la mayoría de los posavasos. Me encantan estas máquinas pequeñas porque las puedes llevar contigo cuando sales de viaje.

Cuando quieras comprar una batidora, el factor más importante es su potencia y la calidad del batido que produce. Cuanto más potente sea el motor, mejor batirá los ingredientes (incluso los congelados) y más extensa será su vida útil independientemente de la frecuencia con que la uses. Si la batidora te permite preparar batidos de gran calidad, cremosos y suaves, como si los hubieras pedido en un buen restaurante, te resultará más fácil seguir utilizándola. El objetivo final es conseguir que los batidos se conviertan en un hábito, debes tenerlo en cuenta a la hora de comprar tu batidora.

Esto es lo que debes considerar a la hora de elegirla:

1. Amazon y otras páginas web. Haz siempre una búsqueda en Internet. Amazon no solo es un buen lugar para comprar sino también para hacer una búsqueda exhaustiva. Mi regla de oro es comprar productos que cuentan con un gran número de valoraciones de cuatro y cinco estrellas y con, al menos, algunas valoraciones de una o dos estrellas. Observa que he dicho «al menos algunas valoraciones con menos estrellas». Siempre desconfío cuando un producto tiene cien valoraciones de cinco estrellas, ya que es probable que solo algunas de ellas hayan sido ratificadas. Echa un vistazo a las evaluaciones estándares y entérate de los pros y los contras del producto. Si alguien dice que su envío llegó con demora y otro cliente publica que recibió un artículo deteriorado, estos comentarios se deben considerar como casos aislados y no como una norma. Sin embargo, si diez personas escriben que el motor de la máquina se estropeó después del

tercer uso, habrá que pasar rápidamente a la siguiente marca.

2. Garantía de calidad y su duración. Si encuentras una buena marca con un número importante de evaluaciones positivas que se ajuste al precio que estás buscando, comprueba la garantía. La duración y la calidad de la garantía son decisivas para mí a la hora de adquirir un producto. Estoy dispuesta a pagar un poco más si el producto tiene dos o tres años más de cobertura total. La idea es comprar un aparato que dure al menos entre tres y cinco años, que haga batidos suaves y cremosos y que se ajuste a tu presupuesto. Además, si pagas por tu batidora un poco más de lo que habías pensado, te sentirás más obligado a utilizarla. Ya sabes: si algo te ha costado mucho, tienes que usarlo. Y esto parece ser una buena motivación.

3. Plástico frente a cristal. Antes solía decir que prefería el cristal (mi Breville era de cristal); sin embargo, los recipientes de cristal son más pesados y se rompen con mayor facilidad. Ahora me inclino por el plástico BPA sin policarbonatos que respeta el medioambiente que usa la marca Vitamix.

Es fácil de lavar manualmente y también en el lavavajillas, y además es ligero. No tienes que ser un atleta para levantar el vaso y colocarlo sobre la mesa. Así que te aconsejo que mires las especificaciones de la batidora, te enteres de qué tipo de plástico utiliza y te asegures de que el vaso se puede lavar en el lavavajillas.

4. Mando con distintas velocidades para el motor. Lo ideal es poder controlar el proceso de preparación de los batidos. Disponer de varias velocidades te permite empezar con una velocidad lenta, aumentarla cuando los ingredientes se han ablandado y luego volver a bajarla antes de terminar el proceso. Las batidoras que carecen de esta opción no son versátiles y, por lo tanto, tampoco te permiten controlar la preparación de tus batidos. Necesitas varias velocidades. Existen diversas alternativas; algunos modelos incluyen distintas opciones, como por ejemplo «batir», «licuar», «espumar» o «triturar hielo», términos que no son funcionales sino que responden al *marketing*. Básicamente, necesitas controlar la velocidad de giro de las cuchillas. La

Vitamix te permite pasar de una velocidad baja a otra alta con varias opciones intermedias. Un aparato de gran potencia también te permite añadir todos los ingredientes al mismo tiempo en vez de hacerlo por etapas, porque puedes controlar mejor el proceso del batido regulando la velocidad.

5. Un agitador (o mezclador) para mover los ingredientes durante el batido. El agitador es la parte genial de la Vitamix. Incluso las máquinas de gran potencia como la Vitamix necesitan ayuda. Un agitador es lo que utilizas para remover los alimentos y facilitar el proceso. Con mi antigua Breville tenía que parar la batidora, tomar una cuchara grande y mover los ingredientes para que se mezclaran bien, y luego volver a tapar el vaso para reiniciar el proceso. Esto se repetía entre tres y cinco veces para cada batido. ¡Solo por este motivo hubiera cerrado el trato con una Vitamix en aquel momento!

Si estás decidido a comenzar con una batidora más simple y barata (y cuando digo barata quiero decir que cueste menos de 100 dólares),

ten en cuenta que no aguantará la prueba del tiempo ni un uso frecuente, y lo más probable es que tengas que reemplazarla mucho antes de lo que imaginas. Si tu única pretensión es hacer una breve incursión en el mundo de los batidos antes de decidir si será o no tu estilo de vida, en ese caso sí es una buena opción para empezar. De hecho, puedes comprar las marcas Nutri o Magic Bullets, que tienen un precio muy razonable. Usé una de ellas cuando estaba visitando a mis suegros y me pareció muy efectiva. No obstante, considera que lo barato puede contribuir a que ahorres dinero pero también puede resultar frustrante, hasta el punto de que llegues a perder interés por los batidos. ¡Y, desde luego, no desearía que eso te sucediera!

¿Puedes utilizar tu procesador de alimentos en vez de una batidora?

Me temo que no, necesitas una batidora idónea. El procesador de alimentos no tiene las funciones ni las cuchillas apropiadas, y tampoco el motor ni la capacidad necesarios, además de que no ha sido concebido para procesar líquidos debidamente. Las cuchillas del procesador de alimentos sirven para cortar en trozos, en rebanadas o en dados, picar y mezclar los ingredientes de un humus o un pesto caseros; sin embargo, no están diseñadas para deshacer trozos congelados de fruta o triturar hielo, tal como puedes hacer con una batidora de gran potencia. Si quieres hacer batidos de consistencia y sabor aceptables de forma regular, lo mejor es invertir en una buena batidora.

PROTAGONISMO DE UNA AMANTE DE LOS BATIDOS

Katherine Natalia

Receta favorita: batido verde espeso de pastel de lima
*2 tazas de una leche de origen vegetal
2 plátanos congelados
2 cucharadas de semillas de girasol
¼ de taza de dátiles sin hueso
1 taza de espinacas envasadas al vacío o 2 tazas de espinacas
envasadas normalmente (se puede utilizar cualquier
otra verdura de hoja de sabor suave)
1 taza de avena
2-4 limas, solo el zumo y la cáscara (este batido tiene
un sabor increíble cuando se usan 4 limas, pero también
está muy rico si se usan 2)
½ cucharada de extracto de vainilla*

Katherine Natalia es la fundadora de www.GreenThickies.com. Green Thickies son batidos verdes que contienen frutas, hortalizas, carbohidratos y frutos secos o semillas. Han sido creados para que las personas que tienen poco tiempo libre puedan obtener los nutrientes que necesitan y, al mismo tiempo, saciar su estómago. Katherine creó Green Thickies porque después de haber tenido a su bebé no encontraba tiempo para preparar sus batidos verdes y tomar su plato de avena cada mañana; así que decidió combinar las dos comidas y el resultado fue un batido verde espeso, que dio nombre a la marca Green Thickies. Ahora toda su familia disfruta de sus batidos. Katherine se curó del síndrome de fatiga crónica y de otros problemas de salud al cambiar su alimentación por una dieta vegetariana con una gran proporción de alimentos crudos hace unos tres años. Además, perdió casi treinta kilos durante el proceso que inició para curar su cuerpo. Es madre de una niña de un año y ya hay otro bebé en camino. Vive en Escocia con su marido e hija. Siente pasión por ayudar a las personas a recuperar la salud y conseguir su peso ideal.

La mejor manera de comprar, lavar y guardar los ingredientes y planificar tus batidos

Si hubiera sabido que iba a vivir tanto tiempo, me habría cuidado mejor.

Leon Eldred

Hacer la compra

¿Deberías comprar productos biológicos locales? Únicamente cuando sea posible. Como todos sabemos, los alimentos orgánicos son mejores para tu organismo porque están menos expuestos a los plaguicidas y, por otra parte, tienen más sabor. También puedes cultivar tus propias frutas, hortalizas y verduras de hoja, aunque esto no siempre es práctico ni económico. En lo que se refiere a este tema, no soy dogmática. Evidentemente, prefiero los productos biológicos pero si no puedo comprar todos los ingredientes orgánicos para mis batidos y tengo

que elegir, mi orden de preferencia es el siguiente: primero las verduras de hoja orgánicas y luego el apio, las zanahorias, las bayas, los limones y las manzanas.

Aunque soy partidaria de comprar productos locales y biológicos, lo hago solo cuando mi presupuesto y las circunstancias lo permiten. De modo que tú puedes hacer lo mismo. Olvídate de todo aquello que pueda contribuir a que tu viaje con los batidos sea prohibitivamente caro o inaccesible, porque los batidos saludables pueden y deben estar a tu alcance. ¡No tengas ninguna duda!

Si no puedes comprar productos biológicos, compra la fruta y las hortalizas más frescas que puedas encontrar. Adquiere productos de temporada, que son siempre más económicos, y acostúmbrate a congelar la fruta para que se conserve más tiempo y no se deteriore en la nevera. Pasamos mucho tiempo discutiendo el precio de los productos biológicos, pero no nos damos cuenta de la cantidad de dinero que desperdiciamos cuando dejamos que la fruta se deteriore antes de usarla. Me resulta francamente doloroso tirar cualquier fruta u hortaliza en mal estado porque no he planificado correctamente la preparación de mis batidos. De modo que ¡anímate! Si usas todas las piezas de fruta y las hortalizas que has comprado, habrás ganado el juego, independientemente de lo que hayas pagado por ellas.

Cómo lavar los ingredientes

La forma de lavar concienzudamente las frutas, verduras de hoja y hortalizas es la siguiente:

- En primer lugar, lávate las manos con jabón y agua caliente.
- Nunca laves los alimentos con jabón ni detergente.

- Utiliza agua limpia y fría.
- Emplea un cepillo vegetal para lavar las frutas y las verduras que tienen piel gruesa, pues así conseguirás eliminar los microbios de la superficie de la piel.
- Las hortalizas con muchas «grietas y recovecos», como por ejemplo la coliflor, el brócoli o la lechuga, se deben poner en remojo en agua fría y limpia durante un par de minutos.
- Los frutos frágiles como las bayas no se deben remojar en agua. Utiliza un colador y lávalos bajo agua fría con poca presión, o usa un pulverizador de agua.
- Lava las verduras de hoja separando cada una de las hojas de la raíz y colócalas en un cuenco de agua fría durante algunos minutos. Deja escurrir bien el agua utilizando un colador o un escurridor. Repite el proceso varias veces hasta eliminar completamente todas las trazas de barro y suciedad.
- Otra técnica consiste en poner en remojo las verduras en una mezcla de vinagre y agua (media taza de vinagre blanco por dos tazas de agua) durante cinco minutos y luego aclarar con abundante agua limpia. Esto elimina la presencia

de bacterias, aunque también puede alterar ligeramente la textura y el sabor.

- Utiliza un escurridor o un colador para escurrir el agua y luego un centrifugador de ensaladas o un paño limpio para secar las verduras. Debes lavar el centrifugador de ensaladas después de cada uso.
- Tras el lavado, debes secar las frutas y verduras con papel de cocina. De este modo eliminas más cantidad de bacterias.
- No es necesario volver a lavar los alimentos que se venden envasados con etiquetas que indican

«listo para consumir», «lavado» o «tres lavados».
- No adquieras productos cortados que no estén refrigerados.
- Después de lavar y secar las verduras, debes guardarlas en la nevera. Nunca las dejes a temperatura ambiente si no vas a usarlas de inmediato.

Cómo guardar los ingredientes

Nunca guardes las verduras de hoja en las bolsas de plástico húmedas en las que las has comprado. La humedad reduce rápidamente su vida útil. Tómate el tiempo que

necesites para lavarlas tal como te he enseñado. Si tienes prisa, al menos sácalas de las bolsas húmedas, sécalas con una toalla común o con papel de cocina y guárdalas en un recipiente de plástico con tapa. Puedes almacenar todas las verduras de hoja en la nevera dentro de una caja de plástico transparente o en bolsas con cremallera. Añade una tira de papel de cocina o un paño seco en el interior del recipiente con el fin de absorber el exceso de humedad y condensación.

Si eres superorganizado, puedes pegar etiquetas con las fechas de compra en el recipiente o la bolsa en la que has guardado los productos. Las verduras y las frutas blandas, como las bayas, se conservan bien durante un plazo de entre tres y seis días. Las frutas más duras y las verduras más resistentes pueden llegar a durar entre una semana y diez días. Cuanto más secas estén las verduras, más tiempo se conservarán en buen estado.

La preparación

Entonces, ¿cuánto tiempo se necesita para preparar un batido? Depende de la complejidad de la receta. Si no me he ocupado de preparar nada con anterioridad, es decir,

si no tengo ningún ingrediente lavado, pelado ni cortado, me lleva entre doce y quince minutos preparar un batido si tengo tiempo y me lo tomo con tranquilidad. Si tengo mucha prisa, tardo entre siete y diez minutos a partir del momento en que entro en la cocina y hasta que salgo de ella con un batido en la mano, después de haber dejado la Vitamix limpia sobre la mesa de la cocina.

Seis sugerencias para acelerar el proceso de preparación de tus batidos cuando estás muy ocupado

Si no tienes demasiado tiempo por la mañana, puedes preparar algunas cosas por adelantado. El tiempo es oro y cuando se trata de alimentarnos y nutrir nuestro cuerpo, solemos engañarnos. Por eso, las siguientes sugerencias dan prioridad a nuestro cuerpo y nuestra salud sin exigirnos demasiado de nuestro valioso tiempo. Sigue estas recomendaciones para acelerar el proceso de preparación de tus batidos:

1. Organiza una zona especial para los batidos en tu cocina: cuanto más visibles y a mano estén los materiales que necesitas para prepararlos, más probable será

que los uses con frecuencia. Coloca en esa zona todos tus utensilios (como, por ejemplo, la tabla de cortar, el cuchillo y algunos recipientes) y los alimentos que no necesitan estar en la nevera (como los superalimentos, los frutos secos, las mantequillas de frutos secos y los suplementos en polvo).

2. Planifica por anticipado las recetas que vas a preparar durante la semana: utiliza un diario de alimentos para organizar las recetas para los próximos siete días. Escoge aquellas que contengan frutas y verduras comunes, y no te olvides de alternar las verduras. Compra todo lo que necesites durante el fin de semana.

3. Organiza las bolsas para batidos: consigue una caja grande de bolsas herméticas con cremallera. Cuando vayas a preparar una receta, saca de la nevera todas las hortalizas y verduras de hoja que precises y colócalas sobre la encimera. Luego procede del mismo modo con las frutas. Si utilizas fruta congelada, toma únicamente la ración que necesites y colócala en un frasco de vidrio; luego llénalo con todas las hortalizas, verduras de hoja, frutos secos y semillas, o

cualquier otro ingrediente incluido en la receta. No añadas ningún líquido. Tapa el frasco y guárdalo en la nevera. Si vas a preparar más de una receta, pega en cada frasco una etiqueta con la receta correspondiente.

4. Vierte la base líquida en el vaso de la batidora con anticipación: echa la base líquida (agua filtrada o leche de frutos secos) que necesites en el vaso y guárdalo en la nevera hasta el momento de preparar tu batido. Así no tendrás que lavar otro recipiente y, por otra parte, cuando estés listo para preparar tu batido, tendrás el líquido disponible sin necesidad de medirlo.

5. Añade los ingredientes en el vaso de la batidora, mézclalos y disfruta de tu batido: por la mañana, o en cualquier momento que quieras preparar rápidamente tu batido, solo tienes que tomar el frasco donde has guardado los ingredientes y verter el contenido en la batidora. Debes echar primero las verduras y luego las frutas blandas, que ya estarán prácticamente descongeladas. Si encuentras que tu batido no está muy frío, puedes añadir un par de cubitos de hielo. A continuación, agrega la base del

batido y mézclala. Solo resta servirlo y disfrutar.

6. Llena el vaso de la batidora con agua: si tienes que marcharte rápidamente de casa, limítate a llenarlo con agua y jabón hasta el momento en que puedas lavarlo.

Sugerencias para congelar la fruta

Muchas personas pierden su salud para ganar dinero y luego tienen que gastar dinero para recuperar la salud.

A. J. Reb Materi

Congelar la fruta que vas a consumir es una de las formas más divertidas, económicas e inteligentes de conseguir que el hábito de preparar tus propios batidos sea pan comido. Vamos a aprender cómo hacerlo, ya que es preciso hacer algo más aparte de poner la fruta en una bolsa y guardarla en el congelador.

Lamentablemente, no todas las frutas se pueden congelar. Las que siempre debes usar frescas son las manzanas, las naranjas, las mandarinas, los limones, los pomelos, las uvas y las peras.

Congelar la fruta te permite consumir frutas que no son de temporada durante todo el año. Si usas fruta congelada, no necesitas añadir hielo y, además, solucionas el problema de la corta vida de la fruta fresca. Puedes extender su vida útil durante meses sin desperdiciar ni una sola pieza que, de otro modo, tal vez se hubiera malogrado antes de que tuvieras ocasión de utilizarla. ¡Y todo esto gracias a la tecnología del congelador!

Un par de instrucciones para congelar la fruta: en primer lugar, no se deben mezclar frutas. Cada una debe tener su propia bolsa con cremallera. Por ejemplo, los plátanos en la suya, y cada una de las diferentes bayas en una bolsa por separado. Así, si únicamente necesitas arándanos para preparar una receta, no tendrás que separar unas bayas congeladas de otras y, asimismo, más adelante podrás volver a utilizar la misma bolsa con cremallera para la misma fruta. La clave es la organización. No emplees recipientes de plástico en el congelador; la fruta se pega a los lados del recipiente y ocupa más espacio del que se necesita.

En segundo lugar, coloca etiquetas en las bolsas de cremallera utilizando un rotulador. Quizás te parezca una exageración, pero merece la pena hacerlo. Te llevará un par de minutos escribir el nombre de la fruta que contiene el recipiente y la fecha en que la guardaste en el congelador. Esto te ayudará a organizar el proceso y usar primero las frutas que llevan más tiempo en el congelador. Puedes conservar la fruta congelada durante meses, aunque yo intento emplearla a los tres o seis meses como máximo.

Frutas que puedes congelar

Aguacates: me gusta añadir aguacate congelado como un sustituto del plátano. Es cremoso como el plátano pero no contiene azúcar, y además te ofrece una buena dosis de grasas saludables. Los aguacates se congelan muy bien. Primero debes lavarlos y cortarlos por la mitad con un cuchillo afilado (una de las mitades conserva el hueso). A continuación, corta la mitad con el hueso en dos partes y este se desprenderá fácilmente o puedes usar un cuchillo afilado para retirarlo. Luego puedes quitar la piel de la mitad del aguacate, o de su cuarta parte. Si lo cortas en trozos de este tamaño, podrás medirlo fácilmente. Por último, congela los trozos de aguacate.

Plátanos: solo debes utilizar plátanos maduros. Descarta la piel y luego utiliza un cuchillo para cortar el plátano por la mitad; así te resultará más fácil medirlo cuando lo necesites para preparar tu batido. Si crees que puedes llegar a sentirte creativo y piensas que no usarás un plátano entero, ni siquiera la mitad, puedes guardar trozos pequeños en otra bolsa hermética de cremallera para poder probar nuevas combinaciones con ellos.

Bayas: las bayas tienen una vida muy corta en la nevera, de manera que congelarlas es una gran ventaja. Puedes congelar todo tipo de bayas: mis favoritas son los arándanos, las fresas, las moras y las frambuesas. Lávalas concienzudamente con agua tibia en un colador durante algunos minutos; luego sécalas con papel de cocina antes de congelarlas. Retira las hojas de las fresas y córtalas por la mitad si son muy grandes. Quizás solo quieras usar una pequeña cantidad en tu batido.

Higos: los higos congelados son una de mis frutas preferidas para preparar mis batidos. Me gustan más los morados que los verdes. Son especialmente deliciosos cuando los agregas a una receta que incluya copos de avena sin gluten previamente remojados y leche de almendras. Los higos congelados y batidos son como una explosión de arco iris de color púrpura y rosa. Lamentablemente, no es posible encontrar higos durante todo el año, pues son una fruta de verano. Antes de congelarlos, debes lavarlos exhaustivamente y retirar el tallo. Luego puedes congelarlos enteros o en mitades. ¡Nunca te arrepentirás!

Kiwis: aunque no es una de mis frutas preferidas, son muy apropiadas para los batidos, y además de ser deliciosas tienen una ventaja añadida: poseen más vitamina C que una naranja. Los kiwis se pueden congelar muy bien. Suelo pelarlos antes de congelarlos y cortarlos por la mitad para que sea más fácil medir la cantidad para el batido. Su hermosa tonalidad consigue que un batido verde conserve su color.

Mangos: los mangos frescos son deliciosos, pero también lo son cuando están congelados. Puedes congelar los mangos que están maduros. Retira la piel y luego corta pequeños trozos, o simplemente corta la fruta por la mitad y utiliza una cuchara para retirar la pulpa. Guarda los trozos en una bolsa con cremallera y luego congélalos.

Melocotones: los melocotones se pueden congelar fácilmente. No necesitas pelarlos pero sí lavarlos con mucho cuidado. Luego córtalos en trozos, descarta el corazón y congélalos en una bolsa con cremallera. Los melocotones no añaden una textura cremosa a los batidos, como es el caso del mango o del plátano, pero es una fruta deliciosa.

Piñas: lava primero la piña y luego quita toda la piel con cuidado para no cortarte. Descarta la parte central dura de la fruta y córtala en raciones. Algunas personas utilizan también la parte central, pero para triturarla debes disponer de una batidora de alta potencia. A pesar de tener una batidora de esas características, no suelo usar el corazón de la piña. Mi regla es muy simple: si no puedo consumirlo fresco, no lo congelo. Retira con cuidado toda la piel y no te preocupes si quedan algunos «ojos», porque se van a deshacer durante el batido. Coloca la fruta en bolsas con cremallera y guárdalas en el congelador.

Granadas: suele ser una fruta cara y, francamente, es una pena que se desperdicien esas pequeñas joyas de color rojo. Por lo tanto, después de retirar las semillas y lavarlas puedes guardarlas en una bolsa con cremallera en el congelador hasta un máximo de seis meses.

Cuándo y por qué renunciar al hielo

Una de mis sugerencias para realzar el sabor de los batidos es no utilizar hielo o, al menos, limitar su uso. Te sugiero que utilices fruta congelada –puedes comprarla en las tiendas o congelarla en casa–. Así obtienes la fruta y la temperatura deseada a la vez y, por otra parte, mucho más sabor.

La fruta fresca sabe mejor en los batidos que la congelada, pero esta última se conserva mucho más tiempo y no tienes que preocuparte por la posibilidad de que se deteriore tres días después de haberla comprado. Por otra parte, no es necesario lavar, aclarar ni cortar la fruta congelada, pues viene lista para consumir.

Observarás que algunas de mis recetas contienen hielo; probablemente son aquellas en las que ha contribuido mi marido (es una broma a medias). El hielo es necesario únicamente cuando el resto de los ingredientes no están lo suficientemente fríos, aunque no ayuda a espesar los batidos. Pero si tu batido contiene una cantidad suficiente de fruta congelada, no necesitas añadirlo. Una

alternativa mejor es utilizar «hielo saborizado». Llena una cubitera con tu leche vegetal favorita (por ejemplo, de almendras o de cáñamo) o con zumo de naranja o zanahoria recién exprimido. Luego podrás añadir los cubitos a tu batido para enfriarlo y, al mismo tiempo, agregar otro sabor.

Las frutas que normalmente puedes comprar congeladas son las bayas (arándanos, fresas, moras y frambuesas) y también los mangos y los melocotones.

Las frutas que puedes congelar en casa son los aguacates, los plátanos, los higos, las uvas, las piñas y los kiwis. De todas ellas, debo admitir que mi mejor descubrimiento son los higos congelados.

Poner en remojo los frutos secos, las semillas y la avena

Recuerdo que cuando vivía en Irán siempre teníamos frutos secos en un cuenco con agua que guardábamos en la nevera. Yo esperaba con impaciencia el momento en que mi madre los servía junto con un plato de verduras, aceitunas y queso de cabra, un primer plato tradicional de

la cocina persa. ¡Las almendras y las nueces eran suculentas!

Una razón maravillosa para poner en remojo los frutos secos es que muchos de ellos, en especial las almendras y las nueces, tienen un sabor mucho más delicado después de haberlos remojado y aclarado correctamente. Como podrás comprobar si lo pruebas, el agua del remojo se torna marrón tan solo después de veinte minutos. Tras un par de horas, el polvo de los residuos se desprende de la piel y el fruto tiene un sabor mucho más suave y delicioso.

Las nueces remojadas pierden su sabor astringente y son casi dulces. Esto se debe a que al ponerlas en remojo se eliminan los taninos y su sabor se torna más suave y mantecoso. También son más fáciles de masticar porque se ablandan ligeramente, aunque siguen siendo crujientes.

Los mejores frutos secos para poner en remojo son las almendras, las nueces, los cacahuetes, las nueces de Brasil, los anacardos, las nueces de Macadamia y las pacanas. No es necesario remojar los pistachos ni los piñones. También puedes poner en remojo semillas, por ejemplo las de girasol, calabaza, lino y sésamo, porque así contarás con semillas más limpias y de mejor sabor para tus batidos.

Es mejor que elijas frutos secos naturales, es decir, que no estén tostados ni salados. De este modo tienen mayor cantidad de nutrientes, que son muy beneficiosos para tu cuerpo y para tu salud.

Cuatro pasos para poner en remojo los frutos secos

1. Pon en un cuenco una taza de frutos secos (sin cáscara) y dos tazas de agua.
2. Guarda el cuenco en la nevera durante dos horas. Si tienes prisa, es preferible que lo dejes veinte minutos en vez de saltarte este paso.
3. Si necesitas usar los frutos secos inmediatamente, lávalos y acláralos con agua. Si deseas guardarlos durante más tiempo, cambia el agua y déjalos en remojo entre cuatro y seis horas.
4. Acláralos por segunda vez y sécalos envolviéndolos y presionándolos suavemente con una toalla. Debes descartar el agua marrón del remojo, nunca la bebas ni la utilices en una receta.

Guarda los frutos secos en un recipiente de vidrio cerrado en la nevera para usar con tus batidos. Si es posible, evita el plástico.

El proceso de poner en remojo la avena ayuda a ablandar su dura cascarilla. Sin embargo, en este caso no es imprescindible que lo hagas.

Tres pasos para poner en remojo la avena

1. Usa una taza de la base líquida, como por ejemplo agua filtrada o la leche vegetal que prefieras, para poner en remojo media taza de avena durante la noche, o cuatro horas antes si vas a preparar el batido a mediodía.

2. Cubre la mezcla con un film de plástico (o guárdala en un recipiente cerrado) y colócala en la nevera.

3. Añádela a la batidora cuando estés listo para preparar tu batido.

Si tienes prisa y no dispones de tiempo para remojar la avena por anticipado pero estás decidido a hacer esa receta con este ingrediente, no te preocupes. Coloca la avena en el vaso en primer lugar, sin líquido, y pon en marcha la batidora durante treinta segundos para «pulverizarla», como dice mi marido. Luego añade el resto de los ingredientes y ¡disfruta!

Algunos de los beneficios de poner en remojo los frutos secos y las semillas es que su actividad enzimática aumenta y el aparato digestivo los procesa más fácilmente. Mientras los frutos secos están en remojo se activa el proceso natural de germinación, lo que potencia considerablemente su perfil nutricional.

Pasos para preparar tu batido

La salud no se valora hasta que sobreviene la enfermedad.
THOMAS FULLER

Ya tienes todo lo necesario para empezar a preparar tu batido. Las instrucciones son simples:

- Echa los ingredientes en la batidora siguiendo el orden correcto y con una base líquida que combine bien con ellos.

- Bate los ingredientes hasta conseguir la consistencia deseada. Luego solo tienes que servir el batido y deleitarte con él.

Estos son los pasos esenciales para preparar tus batidos cuando todo va sobre ruedas, y lo bueno es que eso sucede la mayor parte

del tiempo. Pero voy a darte algunas sugerencias más para que los perfecciones:

- Puedes darle a tu batido la consistencia que desees. Es preferible que el primer resultado sea un batido espeso porque siempre puedes aclararlo con un poco de agua. Es más complicado arreglarlo cuando el resultado es muy líquido. Recuerda que deberás usar una cantidad diferente de líquido para conseguir la misma consistencia con una batidora normal que con otra muy potente. Así que tendrás que regular la base líquida basándote en ese factor.

- Si observas que un trozo de fruta congelada no termina de deshacerse en la batidora, quizás se deba a que la velocidad es demasiado rápida. Elige una más lenta, o pulsa varias veces el mando para que la batidora consiga desmenuzar ese trozo.

- Si has añadido toda la base líquida pero observas que la batidora tiene problemas para desmenuzar los ingredientes, utiliza el agitador (en caso de que lo tengas) durante el batido o detén

un momento la batidora y utiliza una cuchara de madera con mango largo para agitar los ingredientes. Otra opción es añadirle entre media taza y tres cuartos de taza de agua a cualquier batido para que los ingredientes se mezclen otra vez.

- Si tu objetivo es preparar batidos de forma metódica, añade siempre la base líquida en primer lugar para poder ajustarla a las funciones de la batidora. Luego añade la fruta blanda, las verduras de hoja, los frutos secos y, en último lugar, la fruta congelada.

- ¿Durante cuánto tiempo debes batir la mezcla? La respuesta breve es: hasta que consigas la consistencia deseada. Aunque debo decir que cuanto más eficientemente trabajes, mejor será tu batido. El tiempo ideal va desde un minuto hasta noventa segundos. Las batidoras más potentes pueden funcionar durante todo ese tiempo sin problemas. Si usas una más pequeña y de menor potencia, seguramente tendrás que ayudarla para conseguir un resultado correcto y el proceso puede ser ligeramente más largo. Ten paciencia, pues pronto te familiarizarás con tu batidora.

- No intentes batir más de dos minutos como máximo; de lo contrario, te arriesgas a que se produzca la oxidación y la consecuente pérdida de nutrientes. Por eso insisto en que una batidora de gran potencia, como la *Vitamix* o *Blendtec*, supone una enorme ventaja. Utilizas la mitad del tiempo para conseguir un batido suave y cremoso preparado con profesionalidad.

Probar el batido para mejorarlo si no ha salido bien

Después de batir los ingredientes, utiliza una cuchara para probar tu batido antes de servirlo. Si consideras que está rico, *bon appetit*. De lo contrario, antes de echarlo en el fregadero, veamos qué es lo que podemos hacer para salvarlo.

¿Está demasiado espeso? Añade un poco de agua o más base líquida. ¡Es el problema más fácil de solucionar!

¿Está demasiado líquido? Puedes añadir plátanos, aguacates, coco o más cantidad de cualquier otro ingrediente que ya esté presente en el batido.

¿No está lo suficientemente frío? Agrega hielo. Si no está muy dulce, o su sabor a fruta no está bien equilibrado, puedes añadir fruta congelada.

¿No está lo suficientemente dulce? Añade más cantidad de la fruta que ya has empleado en el batido o uno o dos dátiles deshuesados.

¿Está demasiado dulce? Si has utilizado agua como base líquida, puedes añadir más cantidad para restarle dulzor. También puedes agregar un puñado de verduras de hoja suaves, como por ejemplo espinacas.

¿Está demasiado insulso? Añade un poco de nuez moscada, canela o extracto de vainilla para potenciar su sabor. Si el batido es salado, puedes agregar un poco de pimienta de cayena, sal marina, especias picantes o ajo.

¿Qué cantidad se debe beber, y qué cantidad es excesiva?

Un día normal suelo beber entre 400 y 800 ml de batidos verdes y otros que no lo son, que suponen al menos una de mis comidas y todos mis tentempiés. Entonces ya me siento preparada para masticar alimentos en las restantes comidas. Masticar es extremadamente importante, y es uno de los motivos por los cuales no deberías hacer una dieta basada exclusivamente en batidos, a menos que hagas algunos ejercicios para fortalecer las mandíbulas.

Tú decides qué cantidad de batidos deseas beber cada día; para empezar, puedes tomar la cantidad que quieras. Si es solo una taza, bien. A medida que progreses, descubrirás cuáles son tus recetas favoritas y cuál es tu forma preferida de preparar tus batidos. Si bebes 400 ml de un modo regular, digamos cuatro o cinco veces por semana, ¡lo estás haciendo maravillosamente bien!

Cómo conseguir la textura adecuada para tu batido

La textura de tu batido está en función de tres factores: los ingredientes, el tipo de batidora y la cantidad de tiempo que bates los ingredientes. Ten en cuenta que no siempre te apetecerá preparar una receta de textura suave. En alguna ocasión preferirás un batido más espeso, en otras uno más hidratante y otras veces te apetecerá tomar uno que casi se pueda masticar. Los «batificadores», si es que puedo utilizar esta palabra, son los elementos que amalgaman el contenido. Los aguacates, los plátanos, los mangos y el coco están a la cabeza de la lista. Si encuentras trozos que no se han triturado por completo, puedes volver a batir los ingredientes.

La mejor forma de limpiar tu batidora

La forma más fácil y rápida de limpiar tu batidora es aclararla con agua tibia y un poco de detergente inmediatamente después de utilizarla. Así no quedarán restos adheridos a las paredes del vaso y no necesitarás restregarlo. Si tienes prisa, llena el vaso con agua y déjalo en el fregadero hasta que puedas ocuparte de lavarlo.

¡Y también puedes recurrir al autolavado! Llena el vaso de la batidora con tres cuartos de una taza de agua tibia y detergente y frótalo minuciosamente. Vuelve a colocar el vaso en la batidora y ponla en marcha durante treinta segundos; es como un minilavavajillas en funcionamiento. De todas las batidoras que he tenido, la Vitamix es la más fácil de lavar. Su gran ventaja es que el vaso no es de vidrio, un material pesado que hay que manipular con mucho cuidado.

¿Guardar o no guardar tu batido?

Un cuerpo sano es la mejor habitación de huéspedes del alma; un cuerpo enfermo es su prisión.

FRANCIS BACON

Técnicamente, puedes guardar los batidos durante un día o dos en la nevera. A continuación te comento algunas cosas que necesitas saber antes de hacerlo.

Primero, ten en cuenta que los batidos tienden a perder su sabor original con el paso del tiempo y comienzan a tener un gusto diferente. Aunque los guardes solamente dos o tres horas, notarás que su sabor ha variado desde que los tomaste frescos, recién salidos de la batidora. Solo por esta razón, no suelo guardar mis batidos más de una hora como máximo, y a veces los uso simplemente para enfriar un batido en el que no he utilizado ingredientes congelados ni hielo.

Otro cambio que notarás después de guardar un batido es que su textura y su color cambian; esto se debe a que las frutas y verduras comienzan a oxidarse. Observarás que se crea una nueva capa en la parte superior del batido. Es evidente que puedes retirarla con una cuchara o agitarla para que se disuelva y olvidarte de lo que acabas de ver porque, de hecho, el batido sigue siendo igual de sano.

Un cambio que no advertirás es que un batido que no es fresco tiene menor valor nutricional. Naturalmente, los productos frescos contienen la mayor cantidad de vitaminas y minerales, y una parte de sus nutrientes se disipa después de guardarlos durante cierto tiempo. El batido sigue siendo beneficioso y nutritivo, aunque un poco menos que en su versión fresca. Cuanto menos tiempo pase entre la preparación del batido y su consumo, ¡mucho mejor!

Si has decidido guardar tu batido, tienes que seguir las siguientes instrucciones:

1. Utiliza siempre recipientes de vidrio. Este material mantiene intacto el sabor del batido, mientras que el plástico le añade un poco de su propio, digamos, «sabor». Asegúrate de que se trate de recipientes de vidrio hermético con cierres que impidan la entrada del aire y la humedad. Los frascos de vidrio con tapas reutilizables que

no contienen plástico BPA son perfectos y económicos. Una de mis marcas favoritas es Bormioli Rocco Fido, y puedes adquirirlos en Amazon.

2. Llena completamente el recipiente para impedir que quede aire en su interior. El aire oxida los nutrientes del batido y, en consecuencia, reduce su contenido nutricional.

3. Cierra bien el recipiente y guárdalo en la nevera durante no más de veinticuatro horas.

4. Si quieres que el batido se conserve durante un periodo de tiempo más largo, exprime un limón fresco o una lima antes de guardarlo en la nevera. Si añades vitamina C, también impides que se produzca la oxidación.

¿Debes congelar tus batidos? Yo nunca lo he hecho, pero si sientes curiosidad, vierte un poco en una cubitera. Luego descongélalo y pruébalo para comprobar si te gusta su sabor. Yo te animo a que bebas tus batidos inmediatamente después de prepararlos, aunque solo sea para consumir las frutas y las verduras cuando están más frescas. Congelar los batidos debería ser el último recurso.

De más está decir que la decisión es tuya; puedes experimentar y congelar los batidos para ver si funciona. Prueba tu batido un par de horas después de haberlo preparado y comprueba si notas una gran diferencia. Pruébalo otra vez al día siguiente para ver si algo ha cambiado. Personalmente, prefiero no guardar los batidos si puedo evitarlo. Sin embargo, en algunas ocasiones he abierto la nevera y el hecho de encontrar el resto de un batido me ha ayudado a resistir mi impulso de tomar un aperitivo.

Regla de oro: fresco es mejor y sabe de maravilla. El último recurso debe ser guardar los batidos, pero si en algún momento lo haces, no los dejes en la nevera más de unas pocas horas. Los batidos no son el tipo de comida que puedes preparar por anticipado, de modo que lo que tienes que pensar es cómo puedes acelerar el proceso previo de preparación de los ingredientes.

PROTAGONISMO DE DOS AMANTES DE LOS BATIDOS

Jen Hansard y Jadah Sellner

Receta favorita: brisa cítrica

2 tazas de espinacas
1 ½ taza de agua filtrada
½ taza de mango congelado
½ taza de piña fresca o congelada
2 naranjas navelinas, peladas
1 plátano fresco o congelado

Jen y Jadah son dos amigas que se han embarcado en la misión de difundir el amor por los batidos verdes. Han cambiado la vida de más de trescientas mil personas a través de su sitio gratuito Thirty-Day Green Smoothie Challenge (El reto de tomar batidos verdes durante treinta días) en www.simplegreensmoothies.com. En 2011, decidieron iniciar juntas su viaje con los batidos verdes a pesar de vivir muy lejos (Jadah reside en California y Jen, en Florida). Ambas han perdido peso, han recuperado su energía y, además, han alimentado a sus hijos sin demasiado alboroto. Todo comenzó por un simple batido verde. Estas potentes bebidas verdes vegetales están llenas de verduras de hoja, fruta fresca y líquidos hidratantes muy nutritivos que mantienen tus antojos a raya. Al introducir más verduras de hoja en tu dieta, te aseguras de consumir fitonutrientes, antioxidantes y todas las vitaminas y minerales esenciales.

108 DELICIOSAS RECETAS DE BATIDOS SALUDABLES

Todo ser humano es el autor de su propia salud o enfermedad.

BUDA

Hemos llegado por fin al momento dulce: la sección de recetas. ¿Estás preparado? En estas recetas hay toneladas de creatividad e investigación; en ellas he volcado mi alma y mi corazón. Pretendía que fueran simples, pero también que no se redujeran al típico batido de espinacas, fresas y plátanos, que deja de ser interesante después de haberlo preparado unas diez veces. Y mi primer consejo se relaciona precisamente con eso: no te limites a preparar una o dos recetas; cambia, investiga, juega con nuevos sabores, añade diferentes verduras y utiliza fruta que nunca hayas comprado hasta ahora.

Te encantará encontrar nuevos productos que acaso lleguen a ser tus favoritos, y tu cuerpo te agradecerá que le ofrezcas una nutrición variada.

Aquí encontrarás ciento ocho recetas, sin contar las que me han enviado mis colaboradores. He elegido ciento ocho porque es un número sagrado en muchas creencias religiosas de todo el mundo —entre ellas el yoga, que ha sido una fuente de sanación constante en mi vida—. Como el viaje con los batidos que planteo aquí tiene que ver con la sanación, he querido destacar especialmente los pensamientos y acciones sanadores con el fin de recordártelo.

En cuanto a las recetas, te aseguro que he preparado y probado personalmente cada una de ellas al menos una vez, y como promedio, entre dos y tres veces. He intentado, y en algunas ocasiones lo he conseguido, que mi marido también las probara. Y además se lo he pedido a algunos buenos amigos.

Si eres de la clase de personas a las que les gusta atenerse estrictamente a una receta, tal como hace un panadero (en otras palabras, copiando exactamente los ingredientes y midiendo con precisión en cucharadas y mililitros), puedes relajarte.

Preparar batidos no es una ciencia. Estas recetas son tan exactas como pueden serlo, y no más. Es un terreno lo suficientemente amplio como para jugar e investigar, y tus resultados pueden ser diferentes a los míos, dependiendo de las unidades de medida que utilices y del tamaño y la densidad de los ingredientes.

Preparar batidos es un ejercicio que va más allá de seguir una receta al pie de la letra. Es una actividad lúdica y tienes permiso para improvisar y divertirte. Una vez dicho esto, vamos a sumergirnos en nuestras recetas.

Acerca de las 108 recetas de batidos

No se puede pretender curar una parte si no se cura el todo.

PLATÓN

Todas las recetas que presento en este libro son veganas. No hay en ellas ningún producto lácteo ni de origen animal. Sin embargo, puedes encontrar productos lácteos en algunas recetas que me han enviado mis colaboradores y que se incluyen al final de cada capítulo junto con una explicación.

Ninguna receta contiene gluten excepto cuando se indica lo contrario.

El gluten puede provocar diversos síntomas, desde una leve sensibilidad hasta dolores intensos, y también otros problemas de salud. Desde que llevo una dieta relativamente baja en gluten, me encuentro mucho mejor. Si el gluten no te causa ningún problema, de cualquier modo me gustaría decirte algo: no lo echarás de menos cuando lo elimines de tu dieta.

Una observación para los amantes de los alimentos naturales: cualquiera de estas recetas puede prepararse con ellos. Por ejemplo, los frutos secos utilizados no están tostados ni procesados. Las leches derivadas de frutos secos que se preparan en casa son naturales. Yo utilizo principalmente leches vegetales envasadas de marcas de buena calidad. Para obtener más información sobre ellas, lee la sección «Elegir la base líquida», en la página 81.

En cuanto a las mantequillas preparadas a base de frutos secos, también pueden ser naturales si están hechas en casa. *Whole Foods* y otras tiendas similares de alimentos sanos te dejan preparar tu propia mantequilla de frutos secos en sus locales utilizando sus máquinas. Lo único que tienes que hacer es asegurarte de que los frutos secos no están tostados y son completamente naturales. La mantequilla de almendras es mi preferida, pero también me encanta el sabor de la de cacahuetes, por eso la he incluido en algunas recetas. Estas dos mantequillas son una fuente excelente de proteínas y fibra dietética.

Si quieres utilizar mantequilla de cacahuetes, presta atención para no adquirir las excesivamente procesadas que suelen comercializarse en frascos. Te recomiendo prepararla en casa o aprovechar la opción de las tiendas que te ofrecen sus máquinas. La mantequilla de almendras es bastante cara y no es muy frecuente verla en los comercios, por lo que te recomiendo que la prepares en casa. Yo guardo las mantequillas de frutos secos durante un máximo de dos semanas, independientemente de que sean caseras o que las haya adquirido frescas. Si compras una mantequilla envasada en un tarro de vidrio, elige una marca de la mejor calidad y lee detenidamente los ingredientes para asegurarte de que no contiene conservantes, aditivos, aceites parcialmente hidrogenados (¡grasas trans!) ni azúcares añadidos. Los únicos ingredientes que debe tener la mantequilla son frutos secos y sal, a menos que decidas utilizar una que no contenga sal, que es mucho más sana.

Una de las razones principales por las cuales he optado por utilizar mantequilla de almendras y no de cacahuetes en la mayoría de las recetas que incluyen mantequillas de frutos secos es que hay una gran cantidad de alergias asociadas a los cacahuetes. Si eres alérgico a estos frutos secos, procura mantenerte alejado de ellos.

Nunca he probado la mantequilla de anacardos, pero creo que podría ser un buen sustituto.

Si tienes ganas de emprender una aventura, busca mantequillas de frutos secos exóticos, como nueces de macadamia, avellanas, nueces o pistachos. Pero ten en cuenta que pueden llegar a ser muy caras y, si tienes la intención de usarlas regularmente, es probable que no te resulte fácil encontrarlas.

Y hablando de cosas exóticas, en la mayoría de las recetas he utilizado ingredientes simples y fáciles de localizar, con la idea de que estuvieran a tu alcance, independientemente de tu lugar de residencia. Pero debes saber que si no puedes encontrar una fruta u hortaliza en particular en el lugar del mundo donde vives, también existen otras alternativas y opciones. Prácticamente, todas las recetas pueden adaptarse a lo que puedas comprar en la frutería de tu barrio o a lo que tengas en casa. Mi objetivo es un poco sibilino: quiero conseguir que no existan excusas para que te pongas manos a la obra e incluyas los batidos saludables en tu estilo de vida.

Ninguna de las leches de frutos secos utilizadas contiene azúcar, a menos que se indique lo contrario.

La mejor forma de pasar por la sección de recetas

Al principio puedes mirar rápidamente las recetas para comprobar cuáles son los ingredientes que más te gustan. Presta atención a las etiquetas que acompañan a cada receta. Luego puedes marcar tus favoritas en el índice de recetas que se incluye al final del libro. Como ya he mencionado, puedes preparar los batidos con lo que tengas en la nevera o trazar un plan de acción si quieres hacerlo de una forma más organizada.

Si es la primera vez que vas a preparar batidos, te recomiendo que empieces por las recetas para principiantes y que las mantengas durante al menos dos semanas. Después puedes añadir gradualmente hortalizas de hoja para que tus papilas gustativas se vayan acostumbrando a su sabor —aunque debo decirte que los batidos apenas saben a ellas, incluso aseguraría que no notarás su sabor—. Y lo que es más importante, debes prepararte mentalmente para incluir verduras en un batido de frutas. Si eres perseverante y sigues preparando tus batidos por lo menos cinco veces a la semana, al cabo de unas tres semanas ya estarás utilizando las verduras de sabor más intenso.

Ingredientes inspirados en la cocina persa

Observarás que he incluido algunos ingredientes típicos de mi origen y mi cultura. Nací en Irán, la antigua tierra de Persia, y los iraníes adoramos nuestras frutas y verduras, nuestras comidas y especias. De manera que para homenajear a mi cultura he utilizado algunos de mis ingredientes favoritos en las recetas. En ellas incluyo higos (frescos y congelados), granadas, dátiles, azafrán, arroz jazmín (¡solamente una receta especial!) y pistachos.

Unidades de medida utilizadas en las recetas

En relación con las unidades de medida, he redactado las instrucciones con la intención de que puedas medir los ingredientes de una forma simple y a la vez precisa. Comprobarás que, a menos que lo peses todo en una balanza, es imposible que tu batido tenga exactamente las mismas medidas que el mío. Pero no hay ningún problema al respecto, las cantidades pueden ser aproximadas sin que eso perjudique al resultado. Preparar batidos no es una ciencia tan exacta como la repostería. De lo contrario, no hubiera escrito este libro.

Los productos de la huerta que compras pueden ser muy variados, en especial su presentación en manojos. Las unidades de medida son orientativas. Muy pronto dejarás de medir los ingredientes porque empezarás a preparar tus recetas a ojo, basándote en tu propia experiencia y conocimientos.

Cuando hablo de una taza de verduras de hoja, quiero decir una taza en la que estén bien apretadas. Como sabes, las hortalizas de hoja son ligeras, de modo que hay que comprimirlas un poco para obtener una taza realmente llena.

Si indico que hay que utilizar una fruta entera o la mitad, siempre me refiero a una fruta de tamaño medio.

Y ahora vamos a ocuparnos de la medida que me contraría un poco: un puñado. He dudado mucho entre indicar la cantidad en puñados o medir los ingredientes en tazas, y al final me he decantado por medir en puñados. Y cuando digo puñado me refiero a tu propio puñado, es decir, a la cantidad que puedes abarcar fácilmente con tu mano. Si le añades tres hojas más de espinacas que yo, esto no va a afectar significativamente al resultado del batido. Lo importante es tener claro que un puñado es diferente a dos puñados. Me he decidido por los puñados con la intención de no hacerte perder tiempo midiendo los vegetales en una taza cada vez que tienes que echarlos en la batidora para preparar un batido.

En el caso de utilizar verduras más amargas, encontrarás otras unidades de medida. Por ejemplo, cuatro hojas de diente de león, porque son fuertes y amargas, y con muy poca cantidad se llega lejos.

Recuerda también que, como ya te he dicho, preparar batidos no es una ciencia exacta. La misma receta puede producir diferentes resultados. En algunas ocasiones puedes ser más generoso con las verduras; en otras puedes variar la cantidad de manzanas o de peras. No puedes equivocarte. De cualquier manera, si has puesto muy poca cantidad (o demasiada) de algún ingrediente, siempre puedes salvar la mayoría de tus batidos ajustando las cantidades después de una primera degustación.

¿Cuál es la cantidad ideal de verduras para tu batido?

Para simplificarte la tarea, en la mayoría de los casos bastará con dos puñados de una variedad de verduras, o de una sola, siempre que no te olvides de alternar en vez de utilizar siempre las mismas. Con el paso del tiempo, tus papilas gustativas se irán adaptando a los nuevos sabores y podrás ir añadiendo mayor cantidad de verduras o diferentes tipos de hortalizas. Es improbable que te sobrepases con ellas, así que utilízalas a voluntad.

¿Cuánto rinde una receta? ¿Cuántas raciones obtenemos?

Con las medidas de estas recetas se obtienen entre dos y cuatro vasos; las he creado con la idea de que prepares de una a dos raciones, aunque esto, obviamente, dependerá de la cantidad que te apetezca beber. Una ración de batido corresponde a dos vasos. Yo suelo beber de dos a cuatro vasos de batido (entre 500 y 1000 ml) antes de sentirme satisfecha, y me sirve como una comida completa.

Dedico media hora a beber cada batido. Un factor que hay que tener en cuenta a la hora de pensar en las raciones es la densidad del batido. Como es natural, una ración de un batido espeso te sacia más rápidamente que la de otro que sea más líquido. Suelo preparar un batido

espeso cuando tengo hambre y uno más líquido (no encuentro otra palabra mejor) cuando tengo sed y necesito hidratarme.

Las calorías no son una preocupación

¿Qué? ¿Qué es lo que acabo de decir? Bueno, ya lo he dicho. No existe información sobre las calorías en ninguna de las recetas. El objetivo de este libro no es contar calorías ni hacerte pasar hambre con una dosis diaria de 850 calorías. Por otra parte, dependiendo de tu tasa metabólica, a lo mejor puedes consumir más del doble de calorías por batido que mi marido y yo. Las calorías pueden ser un buen indicador de cuánto alimento y energía contiene un vaso de batido. Sin embargo, ese no es el objetivo del libro, sino hacer hincapié en la idea de ofrecerle a tu cuerpo alimentos integrales, frescos y sanos en forma de batido. Bebe tus batidos hasta que te sientas satisfecho y luego puedes guardar lo que sobre. En vez de contar calorías, concéntrate en escuchar las señales que te envía tu cuerpo.

Una tabla nutricional flexible

Tampoco he incluido tablas nutricionales por diversas razones. El tamaño de la fruta entera y de las hortalizas puede variar. Lo que realmente importa es la base líquida que utilizas (por ejemplo, leche de almendras con o sin azúcar añadido). Puedes modificar y mejorar tus recetas añadiendo otro tipo de productos o reemplazando unos ingredientes por otros. Por ejemplo, si decides usar brócoli en vez de coliflor, o no emplear tomates porque eres alérgico, las tablas nutricionales no sirven para nada. Y aunque el libro no las contenga, puedes aprender muchas cosas sobre los beneficios de las frutas, verduras, hortalizas de hoja y superalimentos en las secciones correspondientes.

Etiquetas inteligentes para las recetas

Con el fin de ayudarte a identificar cuáles son las mejores recetas para ti en una circunstancia particular, un día de la semana o incluso cualquier etapa de tu viaje con los batidos, he creado ocho etiquetas inteligentes para las recetas. Las encontrarás junto a cada una de ellas. Cada receta tiene al menos una etiqueta, pero las hay que tienen varias para que puedan ayudarte a decidir rápidamente cuál de todas ellas prefieres preparar en un momento determinado.

A continuación describo cada una de las etiquetas inteligentes:

Rápida: es una receta para preparar rápidamente un batido verde cuando tienes mucha prisa. Especial para esas mañanas en las que prácticamente no tienes tiempo ni para desayunar, o para esas tardes en las que solo dispones de cinco minutos para tomar un tentempié sustancioso y saludable. ¡Estas recetas son rápidas! No hay que pelar. No hay que cortar. No hay que hacer ninguna preparación preliminar.

Poca fruta: es una receta ideal para todos aquellos que quieren un contenido bajo de azúcar. Si estás siguiendo una dieta baja en carbohidratos, esta es una receta magnífica para ti porque estos batidos contienen muy poca fruta, o ninguna. El nivel total de fructosa es inferior al de

otras recetas y, no obstante, los batidos siguen siendo sabrosos y deliciosos.

Principiante: si acabas de empezar tu viaje con los batidos, con estas recetas obtendrás los viejos y apetitosos sabores familiares. Te aseguro que no contienen verduras de hoja ni ingredientes exóticos y son perfectas para que comiences a familiarizarte con los batidos.

Amante del verde: cuando estés preparado para nutrirte profundamente consumiendo verduras, busca esta etiqueta. Estas recetas contienen principalmente hortalizas pero también cierta cantidad de fruta y, en algunos casos, otros superalimentos que les confieren un sabor delicioso y las hace muy apetecibles.

Verduras ocultas: debes buscar esta etiqueta cuando desees echar un puñado de verduras de hoja en un batido sin que nadie se entere. Es una receta especial para engañar a los niños y a los seres queridos que han jurado no probar nunca un brebaje verde. Estas recetas no son de color verde a pesar de tener una o dos hortalizas ocultas que le dan al batido un valor nutricional más alto.

Sustituto de una comida: estos batidos dan sensación de saciedad y son muy ricos en nutrientes. En general, contienen proteínas o grasas adicionales y, posiblemente, una dosis extra de exquisitos nutrientes que te mantendrán activo durante horas. Son los batidos más ricos en calorías y pueden reemplazar al desayuno, el almuerzo o incluso la cena. Son batidos excelentes para tomar después de hacer ejercicio.

ETIQUETAS INTELIGENTES DE LAS RECETAS	NÚMEROS DE LAS RECETAS
Principiante	1, 4, 5, 6, 7, 8, 16, 20, 21, 22, 23, 24, 25, 27, 29, 31, 33, 34, 37, 38, 39, 40, 41, 42, 43, 44, 47, 48, 50, 56, 58, 61, 62, 63, 64, 65, 67, 68, 69, 75, 81, 88, 91, 94, 98, 99, 100, 102, 107, 108
Rápida	1, 5, 7, 8, 9, 11, 14, 19, 24, 29, 30, 32, 36, 38, 42, 45, 46, 47, 51, 53, 54, 55, 59, 60, 65, 66, 67, 69, 71, 75, 88, 93, 94, 95, 96, 98, 100, 101, 105, 107, 108
Limpieza y desintoxicación	1, 3, 5, 9, 10, 11, 15, 16, 17, 19, 35, 46, 49, 51, 53, 57, 66, 70, 73, 74, 76, 80, 83, 84, 85, 89, 91, 93, 96, 97, 99, 101, 102, 104, 107, 108
Sustituto de una comida	2, 3, 7, 12, 13, 14, 20, 21, 22, 23, 26, 27, 28, 31, 32, 34, 37, 38, 43, 45, 48, 52, 55, 56, 69, 72, 74, 75, 77, 79, 82, 86, 90, 92
Amante del verde	2, 9, 10, 15, 17, 25, 30, 35, 36, 46, 49, 53, 54, 57, 59, 60, 70, 71, 72, 73, 74, 76, 80, 83, 84, 89, 96, 97, 101, 104
Joya con la firma Farnoosh	16, 40, 41, 43, 44, 48, 49, 57, 66, 70, 73, 78, 80, 81, 82, 86, 87, 90, 91, 92, 97, 99, 102, 103, 108
Poca fruta	9, 11, 33, 36, 47, 49, 56, 58, 61, 62, 68, 73, 74, 76, 78, 84, 89, 95, 100, 105, 106
Verduras ocultas	4, 6, 7, 11, 13, 18, 28, 33, 39, 41, 43, 48, 52, 62, 64, 77, 78, 79, 85, 87, 101, 106

Limpieza y desintoxicación: una etiqueta para todos los batidos que puedes tomar durante una cura de limpieza y desintoxicación –puedes consultar la sección «Dietas de limpieza y desintoxicación sugeridas»–. Estos batidos solo contienen agua, hielo, fruta fresca o congelada, hortalizas frescas y verduras de hoja. No contienen frutos secos, leches derivadas de frutos secos, semillas, suplementos en polvo ni superalimentos. Antes de añadir otros ingredientes a las recetas que tienen esta etiqueta, ten en cuenta que el etiquetado se basa en la receta original.

Joya con la firma Farnoosh: esta etiqueta señala los batidos que llevan mi propia firma. Algunos los he creado basándome en mi debilidad por las especias y frutas persas; son recetas asombrosas e inmejorables. Y son mis favoritas, mis recetas básicas, mis sanadoras brillantes: ¡ahora también son tuyas, disfrútalas!

108 recetas de batidos saludables

Receta 1: refrigerio verde de mango
Etiquetas: Rápida, Principiante, Limpieza y desintoxicación

Ingredientes:
1 taza de agua filtrada
1 taza de mango congelado
1 plátano congelado de tamaño medio
2 tazas de apio picado
1 puñado de perejil

Sustitutos posibles:
Cilantro en vez de perejil

Receta 2: esencia verde para despertar
Etiquetas: Amante del verde, Sustituto de una comida

Ingredientes:
Un puñado pequeño de orégano fresco
1 plátano congelado
1 puñado de espinacas
2 hojas grandes de col rizada, sin tallo
1 naranja sin piel
1/3 taza de nueces previamente remojadas
1 taza de agua filtrada

Sustitutos posibles:
Espinacas en vez de col rizada

Nota: lavar y poner en remojo las nueces en agua filtrada durante toda la noche, para usarlas en el batido al día siguiente.

Receta 3: amor de piña mentolado
Etiquetas: Sustituto de una comida, Limpieza y desintoxicación

Ingredientes:
½ aguacate grande
1 puñado de menta fresca
2 tazas de acelgas frescas, sin tallo
1 taza de piña congelada
1 taza de agua filtrada
1 taza de cubitos de hielo

Ingredientes optativos:
¼ de taza de nueces o almendras previamente remojadas

Nota: lavar las nueces o almendras y ponerlas en remojo en agua filtrada durante toda la noche. Utilizar en el batido preparado al día siguiente.

Receta 4: promesa de bayas con sabor a frutos secos
Etiquetas: Verduras ocultas, Principiante

Ingredientes:

1 plátano grande congelado
3 fresas grandes congeladas
½ taza de arándanos congelados
2 tazas de espinacas frescas
1 taza de agua filtrada
1 cucharada de mantequilla de cacahuetes

Sustitutos posibles:
Mantequilla de almendras en vez de mantequilla de cacahuetes

Receta 5: delicia verde de uvas
Etiquetas: Principiante, Rápida, Limpieza y desintoxicación

Ingredientes:

1 plátano grande congelado
1 puñado de menta fresca
20 uvas blancas frescas sin semillas
5-6 hojas de lechuga romana
1/3 de aguacate grande, fresco y sin piel
1 taza de agua filtrada
½ limón exprimido

Ingredientes optativos:
1 trozo pequeño de jengibre sin piel

Receta 6: explosión de col rizada y piña
Etiquetas: Verduras ocultas, Principiante

Ingredientes:
1 plátano grande congelado
3-4 hojas de tamaño medio de col rizada, sin tallo
1 taza de piña fresca
1 taza de arándanos frescos
1 taza de agua filtrada
¼ de taza de almendras o pacanas naturales previamente remojadas

Ingredientes optativos:
1 puñado de menta fresca

Nota: lavar las almendras y ponerlas en remojo en agua filtrada durante toda la noche. Utilizar en el batido preparado al día siguiente.

Receta 7: locos por el apio
Etiquetas: Sustituto de una comida,
Principiante, Verduras ocultas, Rápida

Ingredientes:
4 fresas grandes congeladas
1 plátano congelado
3 tallos grandes de apio fresco
1 taza de mango congelado
1 taza de agua filtrada
1 cucharada de mantequilla de almendras

Receta 8: potencia de jengibre y lechuga romana
Etiquetas: Principiante, Rápida

Ingredientes:

1 aguacate congelado sin piel
1 trozo pequeño de jengibre fresco sin piel
1 kiwi fresco sin piel
5-6 hojas de lechuga romana
1 taza de leche de coco

Ingredientes optativos:
1 cucharada de semillas de sésamo

Sustitutos posibles:
Espinacas en vez de lechuga

Receta 9: éxtasis de kiwi y perejil
Etiquetas: Amante del verde, Rápida, Limpieza y desintoxicación, Poca fruta

Ingredientes:

1 aguacate congelado sin piel
1 puñado de menta fresca
1 puñado de perejil fresco
1 kiwi fresco pelado
1 taza de agua filtrada

Ingredientes optativos:
$\frac{1}{2}$ limón fresco exprimido

Receta 10: poción hidratante de acelgas
Etiquetas: Amante del verde, Limpieza y desintoxicación

Ingredientes:

2 tazas de acelgas frescas, sin tallo
1 puñado de perejil fresco
1 plátano grande congelado
2 pepinos con piel
1 manzana Granny Smith de tamaño medio, sin corazón
1 trozo pequeño de jengibre
1 taza de agua filtrada

Receta 11: amor por la col rizada
Etiquetas: Verduras ocultas, Rápida, Limpieza y desintoxicación, Poca fruta

Ingredientes:

2 tazas de col rizada fresca, sin tallo
3 fresas congeladas
¹/₄ de taza de fresas congeladas
1 aguacate congelado sin piel
1 taza de agua filtrada

Sustitutos posibles:
Espinacas en vez de col rizada

Receta 12: delicia cremosa y sustanciosa
Etiqueta: Sustituto de una comida

Ingredientes:

¹/₂ aguacate congelado sin piel
1 plátano congelado

1 pepino pequeño
2 tazas de lechuga romana fresca
1 puñado de menta fresca
10 nueces o almendras previamente remojadas
1 taza de agua filtrada

Ingredientes optativos:
1 trozo pequeño de jengibre

Nota: lavar y poner en remojo las nueces o almendras en agua filtrada durante toda la noche. Utilizar en el batido preparado al día siguiente.

Receta 13: mañana energética con bayas
Etiquetas: Verduras ocultas, Sustituto de una comida

Ingredientes:
8-10 moras
1 plátano grande congelado
2 tazas de espinacas frescas
½ taza de mango congelado
1/3 de taza de pacanas naturales previamente remojadas
1 naranja sin piel
1 taza de agua filtrada

Ingredientes optativos:
1 cucharada de semillas de sésamo

Nota: poner las pacanas en remojo en agua filtrada durante toda la noche para utilizarlas con el batido preparado al día siguiente.

Receta 14: lujo de arándanos y plátanos
Etiquetas: Rápida, Sustituto de una comida

Ingredientes:
1 plátano congelado
½ taza de arándanos frescos
2 tazas de espinacas frescas
1 cucharada de mantequilla de almendras
1 taza de agua filtrada

Receta 15: sensación frutal festiva
Etiquetas: Amante del verde, Limpieza y desintoxicación

Ingredientes:

1 manzana dulce de tamaño medio

1 naranja sin piel

2 tazas de espinacas frescas

1 puñado de perejil fresco

1 aguacate congelado sin piel

1 taza de agua filtrada

Ingredientes optativos:

1 trozo pequeño de jengibre

Receta 16: refuerzo cítrico
Etiquetas: Principiante, Limpieza y desintoxicación, Joya con la firma Farnoosh

Ingredientes:

1 taza de piña fresca o congelada

2 pepinos pequeños

2 tazas de espinacas frescas

½ aguacate congelado sin piel

1 naranja sin piel

½ limón exprimido

1 trozo pequeño de jengibre

1 taza de agua filtrada

Ingredientes optativos:

1 puñado de menta fresca

Sustitutos posibles:

Lechuga romana en vez de espinacas

Zumo de lima en vez de zumo de limón

Receta 17: mi fantasía verde

Etiquetas: Amante del verde, Limpieza y desintoxicación

Ingredientes:

1 plátano congelado

½ aguacate congelado

4-5 hojas de lechuga romana

1 puñado de cilantro fresco

1 taza de espinacas tiernas

1 taza de agua filtrada

Ingredientes optativos:

½ lima exprimida

Sustitutos posibles:

Lechuga romana en vez de espinacas

Receta 18: amanecer de chía y mango

Etiqueta: Verduras ocultas

Ingredientes:

1 cucharada de semillas de chía

1 cucharada de semillas de sésamo

1-1½ plátano congelado

½ taza de arándanos congelados

½ taza de mango congelado

1/3 de taza de almendras naturales previamente remojadas

1 taza de agua filtrada

Ingredientes optativos:

½ limón sin piel

Un pequeño trozo de jengibre

Nota: poner las almendras en remojo en agua filtrada durante toda la noche y utilizarlas en el batido preparado al día siguiente.

Receta 19: fresco, dulce y sexi
Etiquetas: Rápida, Limpieza y desintoxicación

Ingredientes:
1 plátano congelado
1 taza de mango congelado
½ manzana fresca Pink Lady o Golden Delicious
1 taza de espinacas frescas
1 taza de hinojo fresco, hojas y bulbo

Ingredientes optativos:
1 trozo pequeño de jengibre

Receta 20: potente infusión chai para después de hacer ejercicio
Etiquetas: Sustituto de una comida, Principiante

Ingredientes:
1 cucharada de semillas de cáñamo
1 ¼ taza de leche de coco
1 infusión chai de vainilla Amazing Meal (de Amazing Grass)
½ taza de arándanos congelados
1 plátano congelado
2-3 fresas congeladas
1 cucharada de semillas de chía, o chía en polvo

Sustitutos posibles:
Usa tu sustituto favorito de una comida con
sabor a vainilla o proteínas en polvo

Receta 21: aventura de chocolate y fresa
Etiquetas: Sustituto de una comida, Principiante

Ingredientes:
1 plátano congelado
1 infusión de chocolate Amazing Meal (de Amazing Grass)
1 taza de fresas congeladas
1 cucharada de semillas de cáñamo
1 - 1 ¼ taza de leche de coco

Ingredientes optativos:
1 cucharada de semillas de chía

Sustitutos posibles:
Usa tu sustituto favorito de una comida o proteínas en polvo

Receta 22: domingo de Sunwarrior
Etiquetas: Sustituto de una comida, Principiante

Ingredientes:
1 porción de proteínas en polvo naturales de chocolate de origen vegetal
1 cucharada de mantequilla de cacahuetes
1 plátano congelado
1 taza de leche de almendras

Sustitutos posibles:
Usa tu sustituto favorito de una comida o proteínas en polvo.
Usa mantequilla de almendras en vez de mantequilla de cacahuetes

Receta 23: categoría Raw Warrior
Etiquetas: Sustituto de una comida, Principiante

Ingredientes:

1 cucharada de proteínas de arroz naturales en polvo Warrior
2 tazas de espinacas frescas
1 plátano congelado
1 naranja sin piel
1 taza de agua filtrada

Ingredientes optativos:

1 cucharada de mantequilla de cacahuetes

Sustitutos posibles:

Leche de coco en vez de agua filtrada

Receta 24: deleite de bayas molidas
Etiquetas: Principiante, Rápida

Ingredientes:

1 plátano congelado
½ taza de arándanos congelados
½ taza de frambuesas congeladas
1 naranja fresca sin piel
1 cucharada de semillas de lino molidas
1 taza de agua filtrada

Receta 25: superalimento de bayas Berry Radical de Miessence
Etiquetas: Principiante,
Amante del verde

Ingredientes:
1 plátano congelado
1 taza de arándanos congelados
1 taza de espinacas frescas
1 cucharada de polvo Berry Radical de Miessence
1 naranja sin piel
1 taza de agua filtrada

Sustitutos posibles:
Usa tu sustituto favorito de una comida o proteínas en polvo

Receta 26: polvo natural Multi Nutri
Etiquetas: Sustituto de una comida

Ingredientes:
1 cucharada de proteína de arroz en polvo natural Warrior
1 cucharada de semillas de chía o chía molida
1 pepino pequeño
1 aguacate congelado
1 taza de piña congelada
1 taza de col rizada fresca, sin tallo
1 taza de agua filtrada

Ingredientes optativos:
1 trozo pequeño de jengibre

Sustitutos posibles:
Espinacas en vez de col rizada

Receta 27: almendras y especias molidas
Etiquetas: Sustituto de una comida, Principiante

Ingredientes:
1 plátano congelado
1 taza de leche de almendras
3 cucharadas de proteínas de cáñamo y chai de vainilla en polvo de Living Harvest
1 cucharada de mantequilla de almendras

Receta 28: revolución platango
Etiquetas: Verduras ocultas, Sustituto de una comida

Ingredientes:

½ plátano congelado

2/3 de taza de arándanos congelados

2 tazas de espinacas frescas

½ taza de mango congelado

1 cucharada de proteínas naturales de arroz en polvo de Warrior

1 cucharada de semillas de cáñamo (Hemp Hearts u otra marca)

1 taza de agua filtrada

Sustitutos posibles:

Usa tu sustituto de una comida favorito o proteínas en polvo

Receta 29: batido de cacao y vainilla
Etiquetas: Principiante, Rápida

Ingredientes:

1 cucharada de cacao en polvo natural

1 taza de leche de almendras y vainilla

1 plátano congelado

1 cucharada de mantequilla de almendras

Sustitutos posibles:

Usa tu leche de frutos secos favorita sin azúcar añadido

Receta 30: audaz deleite de diente de león
Etiquetas: Amante del verde, Rápida

Ingredientes:

2 tazas de diente de león fresco
1 plátano congelado
1 manzana mediana
1 cucharada de semillas de cáñamo
1 taza de agua filtrada

Ingredientes optativos:
Un trozo pequeño de jengibre

Receta 31: inyección extra de energía, baja en carbohidratos
Etiquetas: Sustituto de una comida, Principiante

Ingredientes:

2 tazas de espinacas frescas
½ aguacate congelado sin piel
1 taza de leche de coco y almendras
2-3 cubitos de hielo
1 cucharada de mantequilla de almendras
½ cucharada de canela
1 cucharada de semillas de cáñamo

Sustitutos posibles:
Usa tu leche de frutos secos favorita sin azúcar añadido.

Receta 32: Warrior amelocotonado

**Etiquetas: Sustituto de
una comida, Rápida**

Ingredientes:

1 plátano congelado
1 melocotón fresco sin hueso
1 cucharada de proteínas de arroz en polvo naturales de Warrior
1 taza de leche de almendras

Ingredientes optativos:
*1 cucharada de sémola
de semillas de lino*

Sustitutos posibles:
Usa cualquier otra proteína en polvo

Receta 33: explosión púrpura de avena y bayas

Etiquetas: Verduras ocultas, Principiante, Poca fruta

Ingredientes:
½ taza de avena sin gluten
1 ½ taza de leche de coco y almendras
1 taza de espinacas frescas
3-4 fresas congeladas
½ taza de arándanos congelados

Ingredientes optativos:
1 cucharada de mantequilla de cacahuetes o de almendras

Nota: poner en remojo ½ taza de avena sin gluten en 1 taza de leche de coco y almendras durante la noche (entre seis y ocho horas). Verter en la batidora, cubrir con ½ taza más de leche de coco y almendras y batir.

Receta 34: puré de bayas de goji y almendras
Etiquetas: Sustituto de una comida, Principiante

Ingredientes:
1 taza de leche de almendras
1/3 de taza de bayas de goji
½ a 1 taza de frambuesas congeladas
1 cucharada de proteínas completas en polvo Dairy Free SP de Standard Process
1 cucharada de mantequilla de almendras

Sustitutos posibles:
Usa cualquier otra
proteína en polvo

Receta 35: delicia dulce y cremosa
Etiquetas: Limpieza y desintoxicación, Amante del verde

Ingredientes:
½ aguacate grande congelado sin piel
1 taza de piña fresca
2 tazas de espinacas
1 puñado de perejil fresco
1 puñado de menta fresca
1 taza de agua filtrada

Receta 36: verduras hasta el final

Etiquetas: Amante del verde, Rápida, Poca fruta

Ingredientes:
1 aguacate pequeño congelado
2 tazas de espinacas frescas
15-20 uvas blancas
1 puñado de albahaca fresca
¼ de taza de semillas de girasol
½ lima exprimida
1 taza de agua filtrada

Ingredientes optativos:
1 trozo pequeño de jengibre sin piel

Sustitutos posibles:
Menta en vez de albahaca

Receta 37: rosa hawaiano

Etiquetas: Sustituto de una comida, Principiante

Ingredientes:
½ taza de copos de avena sin gluten
1 taza de leche de coco
1 taza de piña fresca
4 fresas congeladas
1 cucharada de mantequilla de cacahuetes

Ingredientes optativos:
1 cucharada de semillas de cáñamo

Sustitutos posibles:
Mantequilla de almendras en vez de mantequilla de cacahuetes

Nota: Poner en remojo ½ taza de copos de avena sin gluten en 1 taza de leche de coco durante la noche (entre seis y ocho horas).
Verter en la batidora, cubrir con ½ taza más de leche de coco y batir.

Receta 38: pastel de chocolate y frambuesa
Etiquetas: Sustituto de una comida, Rápida, Principiante

Ingredientes:
1 plátano congelado
1 taza de leche de almendras
1/3 de taza de bayas de goji secas
1 taza de frambuesas congeladas
1 infusión de chocolate Amazing Grass de Amazing Meal

Ingredientes optativos:
1 cucharada de mantequilla de almendras

Receta 39: superalimento Deep Green
Etiquetas: Verduras ocultas, Principiante

Ingredientes:
2/3 de taza de arándanos congelados
2 tazas de espinacas frescas
1 plátano congelado
1 cucharada de superalimento Deep Green de Miessence
1 taza de leche de coco
1 cucharada de semillas
de lino molidas

Receta 40: delicia doble águila de Jerry
Etiquetas: Joya con la firma Farnoosh, Principiante

Ingredientes:
1 taza de leche de almendras
3-4 higos congelados
2/3 de taza de aguacate congelado sin piel
1 taza de espinacas frescas
1 taza de piña fresca o congelada

Ingredientes optativos:
1 cucharada de tus proteínas en polvo favoritas

Sustitutos posibles:
Lechuga romana en vez de espinacas

Receta 41: explosión púrpura de higos
Etiquetas: Verduras ocultas, Joya con la firma Farnoosh, Principiante

Ingredientes:
1 plátano congelado
4 higos congelados
1 taza de leche de almendras sin azúcar añadido
1 taza de espinacas frescas

Ingredientes optativos:
1 cucharada de tus proteínas en polvo favoritas
1 cucharada de mantequilla de almendras

Receta 42: atardecer de vainilla y chocolate
Etiquetas: Principiante, Rápida

Ingredientes:
2 cucharadas de cacao puro en polvo (marca Navitas Naturals)
1 taza de leche de almendras con sabor a vainilla, sin azúcar añadido
1 plátano congelado
1/3 de taza de bayas de goji secas
1/3 de taza de frambuesas congeladas

Receta 43: recuerdo dulce de almendras y avena
Etiquetas: Verduras ocultas, Principiante, Sustituto de una comida, Joya con la firma Farnoosh

Ingredientes:
½ taza de avena sin gluten
1 taza de leche de almendras
¼ de taza de agua o más leche de almendras
½ taza de arándanos congelados
3 higos congelados
1 cucharada de mantequilla de almendras
1 taza de espinacas frescas

Ingredientes optativos:
1 cucharada de tus proteínas en polvo favoritas

Nota: poner en remojo ½ taza de copos de avena sin gluten en 1 taza de leche de almendras por la noche (entre seis y ocho horas). Verter en la batidora, cubrir con ½ taza más de leche de almendras y batir.

Receta 44: mejor que un elixir sexual
Etiquetas: Joya con la firma Farnoosh, Principiante

Ingredientes:
½ taza de copos de avena sin gluten
1 ¼ taza de leche de almendras
1 cucharada de mantequilla de almendras
1 plátano congelado
4 fresas congeladas
1/3 de taza de arándanos congelados

Ingredientes optativos:
1 cucharada de sémola
de semillas de lino

Nota: poner en remojo ½ taza de avena sin gluten con 1 taza de leche de almendras por la noche (entre seis y ocho horas). Verter en la batidora, cubrir con ½ taza más de leche de almendras y batir.

Receta 45: increíble
éxtasis de higos
Etiquetas: Rápida, Sustituto
de una comida

Ingredientes:
1 aguacate congelado sin piel
1/3 de taza de uvas blancas frescas
4 higos congelados
3-4 hojas de col rizada fresca sin tallo
1 taza de leche de almendras
1 cucharada de mantequilla de almendras

Sustitutos posibles:
Espinacas en vez de col rizada

Receta 46: sensación de zanahoria y mango
Etiquetas: Rápida, Amante del verde, Limpieza y desintoxicación

Ingredientes:
1 zanahoria mediana
1 taza de mango congelado
1 puñado pequeño de perejil
6-7 hojas de lechuga romana
1 cucharada de superalimento Deep Green de Miessence

Receta 47: una criatura increíblemente cremosa de aguacate y plátano
Etiquetas: Principiante, Rápida, Poca fruta

Ingredientes:
1 taza de espinacas frescas
1 aguacate pequeño congelado
½ plátano congelado
¼ de taza de frambuesas congeladas
1-1½ taza de leche de almendras
1 cucharada de semillas
de lino molidas

Receta 48: la gran diosa de los higos

Etiquetas: Verduras ocultas, Principiante, Sustituto de una comida, Joya con la firma Farnoosh

Ingredientes:

1 - 1 ½ taza de leche de almendras
1 plátano congelado
1 cucharada de mantequilla de almendras
¼ de taza de arándanos congelados
1 taza de espinacas frescas
4 higos congelados

Ingredientes optativos:

1 cucharada de tus proteínas en polvo favoritas o de semillas
de cáñamo molidas

Receta 49: sensación de pera y cítricos

Etiquetas: Limpieza y desintoxicación, Amante del verde,
Joya con la firma Farnoosh, Poca fruta

Ingredientes:

½ aguacate congelado sin piel
1 pera verde
1 taza de espinacas frescas
1 puñado de perejil fresco
½ limón exprimido
1 taza de agua filtrada

Receta 50: energizante de copos de avena y melocotón
Etiquetas: Principiante

Ingredientes:
½ taza de copos de avena sin gluten
1- 1 ½ taza de leche de almendras
1 taza de trozos de melocotón congelado
1 plátano congelado
1 cucharada de mantequilla de almendras

Ingredientes optativos:
1 cucharada de tus proteínas en polvo favoritas o de semillas de cáñamo molidas

Nota: poner en remojo ½ taza de copos de avena sin gluten en 1 taza de leche de coco y almendras durante la noche (entre seis y ocho horas). Verter en la batidora, cubrir con ½ taza más de leche de coco y almendras, añadir fruta congelada y batir hasta que la mezcla esté lista.

Receta 51: budín de plátanos con melocotón
Etiquetas: Rápida, Limpieza y desintoxicación

Ingredientes:
1 plátano congelado
1 taza de melocotón congelado
1 ½ taza de acelgas, sin tallo
1 taza de agua filtrada

Ingredientes optativos:
1 cucharada de tus proteínas en polvo favoritas, de semillas de cáñamo molidas o de mantequilla de almendras

Receta 52: remolino púrpura de higos

Etiquetas: Verduras ocultas, Sustituto de una comida

Ingredientes:

½ taza de copos de avena sin gluten

1 plátano congelado

4 higos congelados

½ taza de arándanos congelados

1 ½ taza de espinacas y acelgas frescas mezcladas

1 taza de leche de almendras

1 cucharada de mantequilla de almendras

Ingredientes optativos:

1 cucharada de tus proteínas en polvo favoritas o de semillas de cáñamo molidas

Nota: poner en remojo ½ taza de copos de avena sin gluten en 1 taza de leche de coco y almendras durante la noche (entre seis y ocho horas). Verter en la batidora, cubrir con ½ taza más de leche de coco y almendras y batir.

Receta 53: acelgas al rescate

Etiquetas: Limpieza y desintoxicación, Amante del verde, Rápida

Ingredientes:

3 higos congelados

½ mango fresco o congelado

½ taza de melocotón congelado

1 ½ taza de espinacas y acelgas frescas

1 puñado de perejil

1 taza de agua filtrada

Receta 54: desayuno sano para el corazón
Etiquetas: Amante del verde, Rápida

Ingredientes:
1 ½ taza de col rizada, sin tallo
1 puñado de menta fresca
1 plátano congelado
½ pera grande
1 cucharada de semillas de cáñamo
1 taza de agua filtrada

Ingredientes optativos:
1 trozo de jengibre

Receta 55: paraíso hawaiano
Etiquetas: Sustituto de una comida, Rápida

Ingredientes:
½ taza de frambuesas congeladas
1 aguacate congelado sin piel
1 ½ taza de espinacas frescas
2 cucharadas de tiras de coco
1 taza de leche de coco
1 cucharada de mantequilla de almendras

Ingredientes optativos:
1 cucharada de tus proteínas en polvo favoritas

Receta 56: deleite isleño de coco y kiwi

Etiquetas: Sustituto de una comida, Principiante, Poca fruta

Ingredientes:

1 aguacate congelado sin piel

1 ½ taza de espinacas frescas

2 cucharadas de tiras de coco

1 cucharada de semillas de cáñamo

1 taza de leche de almendras y coco

1 ½ kiwi congelado sin piel

Ingredientes optativos:

1 cucharada de tus proteínas en polvo favoritas

Sustitutos posibles:

Plátano congelado en vez de aguacate, o usar la mitad de cada uno

Receta 57: hechizo de lima y menta

Etiquetas: Limpieza y desintoxicación, Joya con la firma Farnoosh, Amante del verde

Ingredientes:

1 naranja sin piel

½ lima fresca exprimida

1 taza de piña congelada

1 puñado de perejil

1 ½ taza de espinacas frescas

1 puñado pequeño de menta fresca

Ingredientes optativos:

1 trozo pequeño de jengibre

Receta 58: deliciosa cita de amor
Etiquetas: Principiante, Poca fruta

Ingredientes:

1 ½ taza leche de coco y almendras
1 aguacate pequeño congelado, sin piel
1 puñado grande de espinacas frescas
2 dátiles sin hueso
1 cucharada de semillas de lino molidas

Ingredientes optativos:
1 cucharada de tus proteínas en polvo favoritas

Receta 59: las espinacas se encuentran con la canela
Etiquetas: Rápida, Amante del verde

Ingredientes:

1 ¼ taza de leche de coco y almendras

1-2 tallos de apio

1 puñado de espinacas

2 dátiles sin hueso

1 plátano congelado

½ cucharada de canela

Ingredientes optativos:

1 cucharada de tus proteínas en polvo favoritas

Receta 60: suave placer de coco
Etiquetas: Rápida, Amante del verde

Ingredientes:

1 ¼ taza de leche de coco y almendras

1 puñado de espinacas

2 dátiles sin hueso

1-2 tallos de apio

1 aguacate congelado

½ manzana fresca

1 cucharada de semillas de lino molidas

Receta 61: antes del júbilo del amanecer
Etiquetas: Principiante, Poca fruta

Ingredientes:
1 ¼ taza leche de almendras
½ taza de copos de avena previamente remojados
1 manzana fresca sin corazón
¼ de cucharada de canela

Ingredientes optativos:
1 aguacate congelado

Nota: poner en remojo los copos de avena en ½ taza de leche de almendras durante toda la noche (entre seis y ocho horas). Añadir luego el resto de la leche de almendras, la manzana y la canela, y de forma opcional, el aguacate al final. Batir hasta que la mezcla esté lista.

Receta 62: emoción de col y bayas
Etiquetas: Verduras ocultas, Poca fruta, Principiante

Ingredientes:
1 taza de leche de coco
1 ½ taza de col blanca fresca
½ aguacate fresco
½ taza de arándanos congelados
¼ de cucharada de canela

Ingredientes optativos:
1 cucharada de mantequilla de almendras

Sustitutos posibles:
Usa fresas en vez de arándanos

Nota: añadir la leche de coco y la col en primer lugar, luego el aguacate y la mantequilla de almendras —si se va a usar— y los arándanos al final. Batir hasta que la mezcla esté lista.

Receta 63: sanador de acai y mango
Etiquetas: Principiante

Ingredientes:
1 taza de leche de coco y almendras
¹/₂-²/₃ taza de copos de avena sin gluten previamente remojados
¹/₂ taza de mango congelado
¹/₂ taza o 3 fresas congeladas
1 cucharada de acai en polvo
¹/₄ de taza de agua filtrada

Nota: poner en remojo ½ taza de copos de avena sin gluten en 1 taza de leche de coco y almendras por la noche (entre seis y ocho horas). Verter en la batidora, cubrir con ½ taza más de leche de coco y almendras y batir.

Receta 64: brebaje de vainilla y col
Etiquetas: Verduras ocultas, Principiante

Ingredientes:

1 ¼ taza de leche de almendras
1 ½ taza de col en tiras o 1 taza de col fresca
1 plátano grande congelado
1 cucharada de semillas de cáñamo
1 cucharada de mantequilla de almendras

Ingredientes optativos:
1/8 de cucharadita de extracto de vainilla

Receta 65: estallido de piña y espinacas
Etiquetas: Principiante, Rápida

Ingredientes:

1 ¼ taza de leche de coco
1 plátano grande congelado
1 taza de piña congelada
2 tazas de espinacas tiernas
2 cucharadas de semillas de lino molidas

Ingredientes optativos:
¼ de cucharada de extracto de vainilla

Receta 66: brillo superverde

Etiquetas: Limpieza y desintoxicación, Joya con la firma Farnoosh, Rápida

Ingredientes:

1 ½ taza de agua filtrada

1 plátano pequeño congelado

½ manzana fresca, sin corazón

½ pera fresca

1 taza de lechuga romana

1 limón exprimido

Ingredientes optativos:

1 tallo de apio

¼ de taza de cilantro o perejil

Sustitutos posibles:

Espinacas en vez de lechuga

Receta 67: ¡Oh Dios! Delicioso

Etiquetas: Principiante, Rápida

Ingredientes:

1 taza de leche de coco

¼ de taza de coco en tiras

1 tallo de apio

1 puñado de perejil fresco

½ pera fresca

1 plátano congelado

Receta 68: batido de boniato con especias
Etiquetas: Principiante, Poca fruta

Ingredientes:
1 ¼ taza de leche de almendras
2/3-1 taza de puré frío de boniato
¼ de cucharada de cúrcuma
¾ de cucharada de canela
2 cubitos de hielo
1 cucharada de mantequilla de almendras

Sustitutos posibles:
Usa puré de calabaza en vez de puré de boniato

Nota: asar los boniatos en el horno, retirar la piel, dejar enfriar en la nevera durante dos horas o más y añadir a la batidora para preparar la receta.

Receta 69: pido ayuda al cáñamo
Etiquetas: Sustituto de una comida, Principiante, Rápida

Ingredientes:
1 taza de leche de coco
2 cucharadas de proteínas de cáñamo Living Harvest con sabor original
1 plátano congelado
2 cucharadas de cacao puro en polvo
4 cubitos de hielo

Sustitutos posibles:
Usa tus proteínas en polvo favoritas. Elige un sabor neutro

Receta 70: clave en verde para la vida

Etiquetas: Amante del verde, Joya con la firma Farnoosh, Limpieza y desintoxicación

Ingredientes:

1 ½ taza de agua filtrada

2 tallos de apio

1 puñado de menta fresca

1 puñado de perejil fresco

1 limón exprimido

1 manzana roja, sin corazón

½ pera

1 plátano congelado

Sustitutos posibles:

Usa tus proteínas en polvo favoritas. Elige un sabor neutro

Receta 71: rico en vitaminas

Etiquetas: Amante del verde, Rápida

Ingredientes:

1 ½ taza de agua filtrada

1 ½ taza de hortalizas de hoja verde

1 manzana Granny Smith

½ plátano congelado

½ pera fresca

½ limón fresco exprimido

1 puñado de menta fresca

1 cucharada de semillas de lino molidas

½ cucharada de chía en polvo

Receta 72: una combinación improbable
Etiquetas: Amante del verde, Sustituto de una comida

Ingredientes:

1 ½ taza de leche de coco y almendras

½ taza de copos de avena sin gluten

4-5 tallos de diente de león

4-5 tallos de perejil

1 puñado pequeño de espinacas

2 dátiles sin hueso

3 fresas congeladas

1 plátano congelado

Ingredientes optativos:

1 cucharada de semillas de chía

Receta 73: bébete la ensalada
Etiquetas: Limpieza y desintoxicación, Amante del verde,
Joya con la firma Farnoosh, Poca fruta

Ingredientes:

1 taza de agua filtrada

6 cubitos de hielo

½ aguacate fresco

1 tomate mediano

1-2 dientes de ajo

1 puñado pequeño de menta

2 flores de brócoli

1 puñado de perejil fresco

½ pimiento verde sin semillas

½ lima exprimida

Ingredientes optativos:

Una pizca de sal kosher

Sustitutos posibles:

Apio en vez de brócoli

Receta 74: la mejor ensalada Medley

Etiquetas: Limpieza y desintoxicación, Sustituto de una comida, Amante del verde, Poca fruta

Ingredientes:

1 taza de agua filtrada

6 cubitos de hielo

½ aguacate fresco

1 tomate mediano

1-2 dientes de ajo

½ pepino

4 tallos de diente de león

1 puñado de col rizada fresca

4 flores de brócoli, sin tallo

½ pimiento verde, sin semillas

1 limón exprimido

Ingredientes optativos:

1 cucharada de semillas de sésamo crudas

1 chorro de aceite de oliva virgen extra

Receta 75: éxtasis de almendras y coco

Etiquetas: Rápida, Principiante, Sustituto de una comida

Ingredientes:

½ taza de copos de avena

1 taza de leche de coco y almendras

1 plátano fresco o congelado

1 melocotón congelado sin hueso

2 dátiles sin hueso

1 puñado de espinacas frescas

1 cucharada de proteínas de arroz integral en polvo *Raw Power* de *Raw Warrior*

Ingredientes optativos:

Chía en polvo o semillas de lino molidas

Nota: poner en remojo ½ taza de copos de avena sin gluten con 1 taza de leche de almendras durante toda la noche (entre seis y ocho horas). Verter en la batidora, cubrir con ½ taza más de leche de almendras y batir.

Receta 76: ensalada verde picante

Etiquetas: Amante del verde, Limpieza y desintoxicación, Poca fruta

Ingredientes:

½ taza de agua filtrada

5-6 cubitos de hielo

1 tomate mediano

1 puñado de perejil fresco

1 puñado de col rizada fresca

½ pimiento habanero sin semillas

½ pepino

1 taza de col blanca fresca

1 limón exprimido

Ingredientes optativos:
1 pizca de pimienta de Cayena
1-2 cucharadas de semillas de girasol

Sustitutos posibles:
Usa cualquiera de tus hortalizas favoritas en vez de col rizada y perejil

---

Receta 77: fiesta de diente de león y mango
Etiquetas: Verduras ocultas, Sustituto de una comida

Ingredientes:
1 taza de leche de almendras
¼ a ½ taza de agua filtrada
4-5 hojas de diente de león
½ taza de copos de avena sin gluten
½ taza de mango congelado
1 plátano congelado
1 cucharada de acai en polvo

Sustitutos posibles:
Cualquiera de tus hortalizas favoritas en vez de diente de león

Nota: poner en remojo ½ taza de copos de avena sin gluten en 1 taza leche de almendras durante la noche (entre seis y ocho horas). Verter en la batidora, cubrir con ½ taza más de leche de almendras y luego batir.

Receta 78: delicia persa de azafrán y pistachos

Etiquetas: Joya con la firma Farnoosh, Poca fruta, Verduras ocultas

Ingredientes:
1 pizca de azafrán
2 dátiles sin hueso
1 puñado de espinacas frescas
¼ de taza de pistachos sin cáscara
½ cucharada de extracto de vainilla
1 taza de leche de almendras
½ taza de arroz jazmín cocido frío
4 cubitos de hielo

Sustitutos posibles:
Usa leche de coco y almendras en vez de leche de almendras

Nota: poner en remojo el azafrán en 1/8 de taza de agua caliente durante dos horas. Cocinar el arroz jazmín. Medir y dejar enfriar ½ taza de arroz cocido. Echar primero los pistachos en la batidora y ponerla en marcha durante 30 segundos para molerlos. Añadir el arroz, la leche de almendras y el resto de los ingredientes. Batir hasta que la mezcla esté lista

Receta 79: un cohete en mi batido

Etiquetas: Sustituto de una comida, Verduras ocultas

Ingredientes:
1 taza de leche de almendras
1 puñado de rúcula (cohete)
½- 1 plátano congelado
½ melocotón congelado, sin hueso
½ manzana fresca

1 cucharada de mantequilla de almendras
1 saludable pizca de canela

Receta 80: budín de hinojo y cítrico

Etiquetas: Limpieza y desintoxicación, Joya con la firma Farnoosh, Amante del verde

Ingredientes:
1 ½ taza de agua filtrada
3-4 cubitos de hielo
½ aguacate congelado
1 manzana verde
½ pera
1 puñado de col rizada, sin tallo
1 tallo de apio
¼ de bulbo y tallo de hinojo
½ limón exprimido

Ingredientes optativos:
1 cucharada de semillas de sésamo

Sustitutos posibles:
Espinacas o acelgas en vez de col rizada

Receta 81: Persia se encuentra con Japón

Etiquetas: Joya con la firma Farnoosh, Principiante

Ingredientes:
1 ¼ taza de leche de almendras
½ taza de copos de avena previamente remojados

1/8 de taza de pistachos
1/8 de taza de bayas de goji
½ cucharada de té matcha en polvo
1 plátano congelado
3 fresas congeladas

Ingredientes optativos:
1/8 a 1/4 de cucharada de extracto de vainilla

Nota: poner en remojo ½ taza de copos de avena sin gluten en 1 taza de leche de coco y almendras durante la noche (entre seis y ocho horas). Verter en la batidora, cubrir con ½ taza más de leche de almendras y luego batir hasta que la mezcla esté lista.

Receta 82: preparando matcha
Etiquetas: Sustituto de una comida, Joya con la firma Farnoosh

Ingredientes:
1 taza de leche de almendras
½ taza de copos de avena previamente remojados
½ cucharada de té matcha en polvo
2 dátiles sin hueso
1 plátano congelado
1/8 de taza de pistachos
1 puñado de espinacas
1/8 de taza de frambuesas congeladas
¼ de taza de agua filtrada

Sugerencia:
Utilizar cualquier marca de leche de almendras, con o sin sabor a vainilla

Nota: poner en remojo ½ taza de copos de avena en 1 taza de leche de almendras durante toda la noche. Luego a añadir los pistachos, el té matcha y por último la fruta congelada. Batir hasta que la mezcla esté lista.

Receta 83: fresco e hidratante
Etiquetas: Limpieza y desintoxicación, Amante del verde

Ingredientes:
1-1½ taza de agua filtrada
6 cubitos de hielo
1 puñado de col rizada, sin tallo
4-5 hojas de albahaca, sin tallo
4-5 hojas de diente de león
1/8 de un bulbo de hinojo
½ manzana
½ pera
½ limón exprimido
1 trozo pequeño de jengibre fresco sin piel

Sustitutos posibles:
Utiliza cualquier combinación de las hortalizas de hoja verde que prefieras

---

Receta 84: fantasía sin fruta
Etiquetas: Limpieza y desintoxicación, Amante del verde, Poca fruta

Ingredientes:
1 taza de agua filtrada
1 zanahoria mediana sin hojas
2 pepinos pequeños

1 tomate grande o 2 pequeños
2 tazas de flores de brócoli
1-2 dientes de ajo sin piel
1 aguacate congelado
½ lima exprimida

Ingredientes optativos:
½ pimiento habanero o jalapeño, sin semillas
1/8 de taza de semillas de girasol

Receta 85: combinado de zanahoria y plátano
Etiquetas: Verduras ocultas, Limpieza y desintoxicación

Ingredientes:
1 zanahoria mediana
½ plátano congelado
1-2 tallos de apio
1 manzana mediana, sin corazón
1 puñado de hojas de zanahoria (4-5)
1 ½ taza de agua filtrada
½ lima exprimida

Sustitutos posibles:
Perejil en vez de hojas de zanahoria

Receta 86: fusión de almendras océano azul
Etiquetas: Joya con la firma Farnoosh, Sustituto de una comida

Ingredientes:
1 cucharada de espirulina

1 plátano congelado
1 taza de trozos de piña congelada
1 ¼ taza de leche de almendras
1 cucharada de mantequilla de almendras
1 cucharada de semillas de cáñamo

Receta 87: nútreme, cariño
Etiquetas: Verduras ocultas, Joya con la firma Farnoosh

Ingredientes:
1 taza de leche de almendras
½ taza de copos de avena previamente remojados
1 plátano pequeño congelado
½ taza de trozos de piña congelada
3 fresas frescas o congeladas
4 hojas grandes de lechuga romana
1 cucharada de espirulina

Receta 88: euforia de granada y mango
Etiquetas: Principiante, Rápida

Ingredientes:
1 taza de leche de almendras
1 puñado de espinacas frescas
½ taza de semillas de granada frescas o congeladas
½ taza de mango congelado
½ manzana fresca
1 cucharada de semillas de lino molidas

Receta 89: vibrante alegría verde

Etiquetas: Poca fruta, Amante del verde, Limpieza y desintoxicación

Ingredientes:

1 taza de agua filtrada

1 puñado pequeño de cilantro

1 aguacate congelado

2-3 hojas de zanahoria

1-2 hojas de lechuga romana

3 fresas frescas o congeladas

½ taza de semillas de granada frescas

½ limón exprimido

Ingredientes optativos:

1 pizca de sal marina

Sustitutos posibles:

Perejil en vez de cilantro

Acelgas o espinacas en vez de hojas de zanahoria

Receta 90: océano verde y azul

Etiquetas: Joya con la firma Farnoosh, Sustituto de una comida

Ingredientes:

1 ½ taza de leche de almendras
½ taza copos de avena sin gluten
2 dátiles sin hueso
¼ de taza de semillas de granada congeladas
1 plátano congelado
2 fresas congeladas
1 cucharada de espirulina

Sustitutos posibles:

Usa leche de coco en vez de leche de almendras

Receta 91: elixir energizante de naranja

Etiquetas: Principiante, Joya con la firma Farnoosh, Limpieza y desintoxicación

Ingredientes:

1 taza de agua filtrada
1 plátano congelado
1 naranja sin piel
½ manzana
1 puñado grande de espinacas

Ingredientes optativos:

1 trozo pequeño de jengibre sin piel

Receta 92: extracto de felicidad
Etiquetas: Sustituto de una comida, Joya con la firma Farnoosh

Ingredientes:

1 taza de leche de almendras

1-2 cucharadas de acai en polvo

½ taza de mango congelado

½ pera fresca

2 fresas congeladas

½ taza de copos de avena sin gluten previamente remojados

1 cucharada de mantequilla de almendras

Receta 93: batido refrescante de naranja
Etiquetas: Limpieza y desintoxicación, Rápida

Ingredientes:

¼ de taza de agua

3-4 cubitos de hielo

1 naranja sin piel

½ pera fresca

1 pepino pequeño o 1/3 de uno grande

Ingredientes optativos:

½ lima, exprimida

¼ de taza de arándanos frescos

Receta 94: júbilo de frambuesas y chocolate libre de culpa
Etiquetas: Principiante, Rápida

Ingredientes:

1 ½ taza de leche de almendras

1 plátano congelado

3-4 fresas congeladas

¼ de taza de frambuesas congeladas

2 dátiles sin hueso

1 cucharada de cacao puro en polvo

Ingredientes optativos:

1 pizca de canela

Receta 95: distracción de cacao y bayas
Etiquetas: Rápida, Poca fruta

Ingredientes:

1 taza de leche de almendras
5 fresas medianas congeladas
½ aguacate congelado
2 cucharadas de cacao puro en polvo
1 pizca de canela
2 cucharadas de proteínas en polvo Standard Process

Sustitutos posibles:

Usa tus proteínas en polvo favoritas

Receta 96: laguna verde de cristal
Etiquetas: Limpieza y desintoxicación, Amante del verde, Rápida

Ingredientes:

1 taza de agua filtrada
1 plátano congelado
1 kiwi congelado sin piel
½ pera fresca
4-5 hojas de col rizada, sin tallo
½ limón exprimido

Ingredientes optativos:

1 pizca de canela

Receta 97: fuera de este mundo

Etiquetas: Amante del verde, Limpieza y desintoxicación, Joya con la firma Farnoosh

Ingredientes:

1 taza de agua filtrada

½ mango fresco o congelado sin piel

1/8 de bulbo de hinojo

1-1½ tallo de apio

2 hojas grandes de acelgas

2 dátiles sin hueso

1 pizca de canela

Receta 98: una criatura rosada y dulce

Etiquetas: Principiante, Rápida

Ingredientes:

1 caqui de la variedad persimon, sin piel

1½ plátano congelado

¼ de taza de frambuesas

2 dátiles sin hueso

1½ taza de agua filtrada

Ingredientes optativos:

2 pizcas de canela

Receta 99: pera para mí

Etiquetas: Limpieza y desintoxicación, Joya con la firma Farnoosh, Principiante

Ingredientes:

1 taza de agua filtrada

2 hojas grandes de acelgas

1 kiwi congelado
¹/₂ pera fresca
1 naranja sin piel
¹/₂ plátano congelado

Receta 100: por el amor al aguacate
Etiquetas: Principiante, Poca fruta, Rápida

Ingredientes:

1 taza de agua filtrada
2 hojas grandes de acelgas
¹/₂ lima exprimida
¹/₂ pera fresca
1 aguacate pequeño congelado
1 cucharada de semillas de lino molidas

Receta 101: tan verde, tan bueno
Etiquetas: Limpieza y desintoxicación, Amante del verde, Verduras ocultas, Rápida

Ingredientes:

1 taza de agua filtrada
¹/₂ taza de arándanos congelados
¹/₂ mango fresco
¹/₂ pera fresca
1 plátano congelado
1 puñado de espinacas frescas
1 puñado de perejil fresco

Receta 102: delicia de granada

Etiquetas: Limpieza y desintoxicación, Principiante, Joya con la firma Farnoosh

Ingredientes:

1 ½ taza de agua filtrada
5 cubitos de hielo
1 ½ plátano fresco
¼ de taza de semillas de granada congelada
1 naranja sin piel
2 dátiles sin hueso
3-4 hojas de acelgas

Receta 103: sol naciente matcha

Etiquetas: Joya con la firma Farnoosh

Ingredientes:

1 taza de té matcha frío
4-5 cubitos de hielo
1 aguacate pequeño fresco
1 naranja sin piel
½ manzana grande
1 puñado grande de lechuga romana

Ingredientes optativos:

1-2 pizcas de canela

Receta 104: el dragón verde
Etiquetas: Amante del verde, Limpieza y desintoxicación

Ingredientes:

1 puñado de perejil fresco

3-4 hojas de acelgas

1 mango congelado

2/3 de taza de arándanos congelados

½ pera fresca

½ limón, exprimido

Receta 105: madre de goji azul
Etiquetas: Poca fruta, Rápida

Ingredientes:

1 ½ taza de leche de almendras

1 puñado de espinacas frescas

½ aguacate congelado

1/3 de taza de frambuesas congeladas

1/3 de taza de bayas de goji congeladas

½ cucharada de espirulina

Receta 106: polca de bayas
Etiquetas: Poca fruta, Verduras ocultas

Ingredientes:

1 ½ taza de leche de almendras

1 puñado de espinacas frescas

1/3 de taza de arándanos congelados
1 cucharada de semillas o polvo de chía

Ingredientes optativos:
1 cucharada de tus proteínas en polvo favoritas

Nota: poner en remojo ½ taza de copos de avena sin gluten en 1 taza de leche de almendras durante la noche (entre seis y ocho horas). Verter en la batidora, cubrir con ½ taza más de leche de almendras y batir.

Receta 107: poción apasionada e hidratante
Etiquetas: Principiante, Rápida, Limpieza y desintoxicación

Ingredientes:
½-2/3 de taza de piña congelada
¼ de taza de arándanos congelados
¼ de taza de frambuesas congeladas
1 pepino pequeño
1 taza de agua filtrada
3-4 cubitos de hielo

Receta 108: el guerrero pacífico

Etiquetas: Principiante, Rápida, Limpieza y desintoxicación, Joya con la firma Farnoosh

Ingredientes :

1-2 pepinos pequeños

1 taza de trozos de piña congelada

4-5 hojas de lechuga romana

¼ de taza de semillas de granada congeladas

1 taza de agua filtrada

Ingredientes optativos:

½ limón, exprimido

UNA CURA DE BELLEZA, LIMPIEZA Y DESINTOXICACIÓN

El que toma medicinas y no sigue una dieta sana malgasta el conocimiento de los médicos.

PROVERBIO CHINO

Los batidos son sanos, deliciosos, están llenos de nutrientes y es divertido prepararlos. Si has llegado hasta este punto, ya lo sabes, pero lo que quizás ignores es que son la bebida perfecta no solo para tu salud, sino también para tu belleza. Le otorgan luminosidad a tu piel y un nuevo brillo a tu cabello. Les devuelven la chispa de la vida a tus fatigados ojos y eliminan el cansancio, que afecta negativamente a tu belleza natural. Repite conmigo: ¡los batidos son el alimento que necesito para conservar la belleza!

Con el fin de ayudarte a profundizar en el camino hacia la belleza con la ayuda de los batidos, he creado para ti una cura fácil de limpieza y desintoxicación. Yo ya la he probado y vuelvo a ella cada vez que necesito rejuvenecer y revitalizar mi organismo, lo que me sucede generalmente después de una época en la que he tenido que subir a demasiados aviones. Si en días laborables pasas mucho tiempo lejos de casa, y en especial de tu cocina, te aconsejo que aproveches un fin de semana para hacer esta cura. Te sorprenderá descubrir que los resultados pueden mantenerse durante semanas y tendrás una motivación extra para llevar tu hábito de consumir batidos a su más alto nivel. ¿Qué te parece si nos limpiamos y desintoxicamos juntos?

Dietas sugeridas para una cura de limpieza y desintoxicación

*Deja las medicinas en el frasco del boticario
si puedes curar al paciente con alimentos.*

HIPÓCRATES

Soy una gran entusiasta de las limpiezas naturales. En mi libro *La Biblia de los zumos saludables*, explico detalladamente cómo se hacen ayunos con zumos, pues constituyen una forma maravillosa de conseguir excelentes resultados a la hora de limpiar y desintoxicar tu organismo. Aquí te hablo de utilizar los batidos saludables para alcanzar los mismos fines. No estoy recomendándote medicamentos caros, cirugía, terapia de colon ni ninguna otra cosa que te obligue a abandonar la cocina para acudir a la consulta del médico. Tu cuerpo puede curarse por sí mismo, pero tú debes ayudarlo, darle un empujoncito para que tome la dirección correcta con los superalimentos naturales. Una aproximación suave y moderada a los batidos es eficaz, económica y natural. ¡Y funciona!

Antes que nada, voy a definir qué significa «limpieza y desintoxicación». Esta cura tiene como objetivo eliminar las toxinas y los desechos que se han acumulado en tu organismo. Tu cuerpo es una máquina maravillosa capaz de eliminar los residuos y limpiarse por dentro siempre que tus riñones, hígado y colon funcionen adecuadamente. Pero cuando no te alimentas bien, tu cuerpo se llena de toxinas y, como efecto, las funciones de dichos órganos pueden ser más lentas. Los batidos saludables ayudan a invertir el proceso y te permiten retornar suavemente al proceso natural de desintoxicación.

Una forma de hacer la cura de limpieza y desintoxicación es reducir o eliminar completamente las toxinas que ingieres, como los azúcares refinados, el alcohol, la cafeína, las sustancias químicas —como los plaguicidas o los colorantes alimentarios—, el tabaco y los medicamentos innecesarios. Si has estado llevando una dieta no saludable durante mucho tiempo y luego te pasas a otra que incluya batidos, alimentos crudos o zumos desintoxicantes, es muy probable que tu cuerpo manifieste inicialmente síntomas de desintoxicación como, por ejemplo, erupciones, gases, embotamiento, malhumor, jaquecas, dolor de articulaciones, estreñimiento y diarrea. Incluso puedes ir al baño con más frecuencia de lo normal, lo que quizás suponga un gran alivio, pero también obligarte a planificar tu agenda diaria.

¿Cómo funciona una cura de limpieza y desintoxicación a base de batidos?

Cuando consumes batidos saludables, especialmente batidos superverdes, estás inyectando una ingente cantidad de nutrientes y fibra en tu cuerpo, y esta forma de consumir verduras es fácilmente digerible. Las calorías se ocupan de tu apetito, mientras que la fibra te ayuda a eliminar los residuos. Los nutrientes cuidan tu piel, y el efecto general es que tu cuerpo recupera su armonía natural.

Las frutas son ricas en agua y están llenas de nutrientes y vitaminas, sobre todo vitamina C. Son increíblemente fáciles de digerir y atraviesan tu organismo con gran rapidez, especialmente cuando las tomas en forma de puré. Tu sistema digestivo trabaja de forma muy eficaz porque no le cuesta ningún trabajo procesarlas. La fruta es ideal para depurar tu organismo. Y las hortalizas de hojas verdes son la joya de la madre naturaleza. Son ricas en clorofila, una sustancia presente en las plantas que purifica la sangre y limpia el cuerpo.

Tanto las frutas como las hortalizas te ofrecen fibra de buena calidad. Cuando combinas ambos alimentos en un batido, creas un superalimento, una bebida desintoxicante natural que no puede compararse con ninguna píldora ni ningún producto que puedas encontrar en un expositor. Como ya he dicho unas cuantas veces, tu batido es tu superalimento. No contiene ningún componente que sea nocivo para tu cuerpo y está colmado de «buenos materiales». Cada vez que tomas un batido verde saludable estás inclinando la balanza interna de tu cuerpo en la dirección correcta.

¿Deberías hacer una cura de limpieza y desintoxicación? Solo puedo decirte que será muy beneficiosa para ti. Te la recomiendo especialmente si lo que deseas es renovar tu organismo por completo, revitalizarte, sentirte a gusto con tu cuerpo y modificar tu nutrición en general. Si te has abandonado un poco y no te has alimentado bien durante los últimos seis meses, o incluso durante más tiempo, una cura de limpieza y desintoxicación puede ser muy ventajosa para ti y conseguirá motivarte para que te aventures en tu viaje con los batidos. Es importante que consultes con tu médico antes de comenzar, en especial si tienes alguna enfermedad, como la diabetes, o estás embarazada.

¿Qué puedes comer y beber durante una cura de limpieza y desintoxicación a base de batidos?

Durante una dieta de limpieza y desintoxicación solo debes consumir batidos verdes preparados con frutas y hortalizas naturales. No tienes nada que temer, tus batidos te aportarán suficientes calorías y no sentirás hambre. Los obstáculos para la limpieza y la desintoxicación son un 99% mentales y un 1% físicos. Todo lo que debes hacer es preparar tu cerebro, el resto es fácil.

Esto es lo que puedes consumir durante una breve dieta de limpieza y desintoxicación:

- Agua.
- Batidos saludables (preferiblemente verdes) preparados únicamente con fruta, verdura y hortalizas de hojas frescas.
- Optativo: té de hojas sueltas o café negro.

Puedes utilizar fruta congelada siempre que la hayas congelado tú mismo o que tengas la certeza de que no contiene conservantes.

Si fuera posible, durante la cura intenta consumir productos biológicos.

Una observación sobre el debate en relación con la cafeína: me gustaría aclarar que se trata de una opción personal. No defiendo la teoría de que una cantidad moderada de cafeína (procedente de té o café de primera calidad) sea «mala» para tu salud. De hecho, las hojas de té orgánico de gran calidad, como los tés verdes, son una fuente excelente de antioxidantes y te ayudan a eliminar las toxinas de tu organismo y mantener la temperatura corporal durante una cura desintoxicante. Yo ya he dejado de tomar café; prefiero el té y tomo varias tazas al día. Si te gusta el café, renunciar a la cafeína añadirá nuevos desafíos a tu cura de limpieza y desintoxicación. Pero si eres un verdadero adicto, por lo menos intenta tomarlo descafeinado.

Mientras haces la cura de limpieza y desintoxicación puedes tomar tantos batidos como desees. No te prives, recuerda que no se trata de pasar hambre. Yo suelo beber entre cuatro litros y medio y seis de batidos saludables durante una cura, y a veces incluso más. Por supuesto, una gran parte de esa cantidad es agua filtrada que sirve como base del batido, y también frutas y hortalizas ricas en agua. De todos modos, no me impongo ningún límite. En realidad, disfruto enormemente bebiendo mis batidos verdes. Cuanto más verdes sean, mucho mejor. Te recomiendo añadir hortalizas de hojas verdes a más de la mitad de los batidos que consumas. Lo ideal sería que las agregaras a todos los batidos que tomes durante la cura de limpieza y desintoxicación.

¿Qué es lo que debes evitar durante una dieta desintoxicante?

Los siguientes ingredientes pueden formar parte de tus batidos en otras ocasiones, pero nunca en los que tomas durante una cura de limpieza y desintoxicación. La razón principal es muy simple: el hecho de añadir cualquiera de esos ingredientes provoca que el proceso digestivo sea más lento. Aunque sean alimentos beneficiosos para tu organismo, el objetivo de la cura es que tu sistema digestivo haga el menor esfuerzo posible para poder liberarse de los residuos acumulados y no tenga que realizar un trabajo duro para procesar los nuevos alimentos que llegan a él.

De manera que durante una cura de limpieza y desintoxicación debes evitar consumir:

- Superalimentos en polvo y proteínas en polvo.
- Aceites como el de coco o de linaza

- Grasas como las que contienen el coco, los frutos secos y las semillas.
- Leches derivadas de frutos secos u otros líquidos como base del batido.

Dietas de limpieza y desintoxicación sugeridas

Puedes hacer una dieta de limpieza y desintoxicación a base de batidos durante tres, cinco, siete o diez días. Te recomiendo comenzar por una de tres días para ver cómo te sientes. También te aconsejo que no pases más de diez días sin ingerir ningún alimento sólido. Como es natural, cuando retornes a tu alimentación normal después de la limpieza, tendrás que seguir bebiendo batidos verdes. La idea es que tras la cura tengas una mayor conciencia de cómo nutres tu cuerpo.

Lo que me encanta de las curas de limpieza y desintoxicación es que son muy simples. Las dietas y los programas de nutrición pueden llegar a ser muy complicados y la simplicidad constituye una bocanada de aire fresco. Todo lo que tienes que hacer es beber tu batido verde favorito, alternar las verduras que consumes y mezclarlas de la forma que

te apetezca. La única regla que debes seguir es que prepares tus batidos solamente con frutas y hortalizas, que bebas mucha agua y que decidas qué cantidades moderadas de cafeína vas a ingerir.

Unas pocas y rápidas sugerencias para que la cura de limpieza y desintoxicación sea un éxito:

1. Haz la cura cuando dispongas de tiempo para ti y tu agenda social no esté muy llena.
2. Comiénzala cuando puedas acceder a tu cocina tantas veces como quieras.
3. Es aconsejable que la hagas por primera vez durante una estación cálida; lo ideal sería en primavera u otoño. Evita el invierno.
4. Planifica las recetas por anticipado y ocúpate de hacer la compra al inicio de la semana.

5. Organiza tu cocina y tu nevera retirando todos los alimentos tentadores y, en lo posible, no cocines para otras personas, no vayas a restaurantes y no asistas a eventos sociales que incluyan comidas durante ese periodo de tiempo.

6. Lleva un diario para apuntar cómo te sientes con los batidos que estás tomando y registrar todos los síntomas de desintoxicación (positivos y negativos) que experimentes. Relee el diario solamente cuando hayas terminado la cura.

7. Elige algo que te guste especialmente (que no tenga que ver con la comida) y guárdalo para disfrutarlo como recompensa cuando hayas completado la cura de limpieza y desintoxicación.

¿Qué debes esperar de tu cura de limpieza y desintoxicación?

No hay ninguna regla rápida ni complicada que indique cómo tienes que hacer la cura, únicamente pautas generales y buenas prácticas. Mientras escribo esta sección para ti estoy en medio de otra cura de limpieza y desintoxicación de tres días, y me ha venido bien para recordar lo difícil que puede ser el primer día de una dieta desintoxicante. Tal como sucede con un ayuno de zumos, en torno al mediodía del primer día de la cura con batidos, tu cuerpo comenzará a reaccionar con diversos síntomas como, por ejemplo, cambios súbitos de humor, malhumor y un intenso deseo de comer algo sólido. Encontrarás cualquier motivo que exista bajo el sol para interrumpir la cura. ¡Resiste la tentación!

Mantén el rumbo asegurándote de beber una cantidad suficiente de batidos como para sentirte satisfecho. Bebe agua. Abandona la cocina. Lee un libro. Toma un baño caliente. Distráete y vete a dormir pronto. El segundo día siempre es mucho mejor y tendrás energía para afrontar toda la jornada. El tercer día comenzarás a sentirte realmente bien y a ver los resultados.

Sin embargo, si te encuentras muy mal puedes afrontar la cura de la mejor forma que seas capaz de hacerlo, sin descartar un cambio de planes. Recuerda que tú eres el jefe y tienes plena libertad para decidir si la cura es demasiado estresante para ti. ¿Has llegado a un punto en el que el mero hecho de pensar en un batido te hace sentir fatal? Entonces,

considera la cura como una limpieza breve y agasájate con una ensalada sin aliño o con una pieza de fruta, por ejemplo una manzana, un plátano o algún fruto seco natural; de esta forma seguirás consumiendo básicamente los mismos alimentos que incluías en tus batidos, es decir, frutas y hortalizas crudas. Es recomendable que esperes hasta el día siguiente para ingerir alimentos cocinados. Como ya he dicho, tienes toda la libertad del mundo para introducir las modificaciones que consideres adecuadas para ti sin sentirte culpable. El objetivo de una cura de limpieza y desintoxicación es sentirse a gusto y aprender algo nuevo sobre tu propio cuerpo, tus tolerancias alimentarias, tus emociones y tu sistema digestivo. Si el primero o segundo intento no funciona según lo previsto, puedes repetir la cura un poco más adelante, pero no esperes demasiado tiempo. ¡Sigues siendo un ganador!

Pero si sigues adelante, podrás aprovechar los ocho beneficios más importantes que puede ofrecerte una cura de limpieza y desintoxicación. Son los siguientes:

1. Sorprendente inyección de energía después de las primeras veinticuatro o treinta y seis horas.
2. Gran eliminación de residuos y una sensación de limpieza interna.
3. Eliminación de gases, agua, hinchazón, cansancio y dolores corporales.
4. Gran claridad mental y concentración.
5. Sueño profundo y reparador.
6. Brillo en la piel debido a la purificación de células y órganos.
7. Sensación de solidez y equilibrio.
8. Sensación de estar lleno de amor; celebración por tu cuerpo y tu ser.

Sería ideal que programaras algunas actividades para realizar durante tu cura de limpieza y desintoxicación con el fin de realzar la experiencia y complementar el trabajo interno que realizarás a lo largo de ella. Algunas de esas actividades son:

- Baño caliente con sales de Epsom o aceites esenciales.
- Meditación una o dos veces diarias, al comenzar y finalizar cada día.
- Un masaje u otro tratamiento corporal.
- Ejercicio físico suave como andar, nadar o hacer yoga.
- Tiempo para leer, pensar y apuntar en un diario todo lo relativo a la experiencia.
- Tomarse un descanso de las redes sociales, los medios de comunicación, la televisión, las noticias y otras distracciones innecesarias.
- Abstenerse de participar en discusiones o debates, o de hablar mucho por teléfono.
- Llenar las horas con toneladas de gratitud.

En otras palabras, concéntrate en tu interior y desconéctate del mundo externo. Así, la cura de limpieza y desintoxicación no será solo una cura corporal, sino también una limpieza de tu mente, corazón y alma. Y déjala trabajar; deja que sea una limpieza holística de la que emergerás como una persona nueva.

PROTAGONISMO DE UN AMANTE DE LOS BATIDOS

Tracy Russell

Receta favorita: explosión de plátano y piña

250 ml de leche de almendras
1 plátano pequeño
1 taza de piña
2 tallos de apio
2 tazas de col rizada, sin tallos

Con veintitantos años, Tracy tenía el colesterol más alto de lo normal, le costaba trabajo adelgazar y tenía acné crónico y acidez. Probó varias dietas, suplementos y curas de salud, pero jamás fue capaz de seguirlas durante mucho tiempo porque nunca obtenía realmente los resultados que esperaba. Además, ninguna de esas dietas era llevadera. En cuanto dejaba de hacerlas, volvía a recuperar su peso original. Su situación llegó a un punto crítico después de casarse, pues al volver a casa tras su luna de miel descubrió que pesaba 67 kilos. ¡Nunca antes había llegado a ese peso! En 2008 descubrió los batidos verdes como una forma de adelgazar sin tener la sensación de que debía estar a dieta el resto de su vida. Los batidos la ayudaron a perder 18 kilos, sus niveles de colesterol bajaron cuarenta puntos y ya no volvió a sufrir acidez. ¡Incluso tuvo energía para correr su primer maratón! Tracy bebe diariamente dos batidos de casi un litro y se siente mucho mejor que cuando tenía veinte años. Su aspecto también ha mejorado sustancialmente. En 2009 creó www.IncredibleSmoothies.com para ayudar a otras personas.

UN ESTILO DE VIDA BASADO EN LOS BATIDOS: CREAR EL HÁBITO

Si pudieras hacer algo una sola vez y obtener resultados para toda la vida, no se llamaría hábito. ¡Sería pura magia! Un hábito es algo que haces de manera regular. El poder de la regularidad crea una dinámica que te permite avanzar hasta que el hábito se convierte en tu segunda naturaleza. Los hábitos pueden modificar tu vida y conseguir que perseveres en objetivos que son beneficiosos para tu salud. Son tu escudo de protección contra la dispersión, la postergación, la discontinuidad y la pereza. Los hábitos son tus amigos, y el de tomar batidos puede incluso llegar a ser tu mejor amigo.

Y, por otra parte, puede resultar divertido crear nuevos hábitos. Voy a darte mis mejores sugerencias y enseñarte los métodos más rápidos para que domines el hábito de tomar batidos. ¿Estás preparado?

Improvisar tus propios batidos

Para tener buena salud, come frugalmente, respira en profundidad,
vive con moderación, cultiva la alegría y mantén el interés por la vida.

WILLIAM LONDEN

Mientras desarrollas tu hábito de tomar batidos debes estar abierto a experimentar e improvisar. En otras palabras, debes estar dispuesto a jugar, ser creativo y preparar los batidos a tu manera. El objetivo no es encontrar un batido perfecto y repetirlo cada día. Así solo conseguirás aburrirte y perder el entusiasmo. Además, ahora ya sabes que es importante alternar las hortalizas y no utilizar siempre el mismo manojo de espinacas en cada batido verde. No hay ninguna receta que contenga todas las recomendaciones nutricionales diarias, pero puedes encontrar muchas que te aportarán los nutrientes que tu organismo necesita de una forma equilibrada y deliciosa. La meta tampoco es beber un superbatido saludable cuyo sabor no puedes resistir y, a pesar de todo, obligarte a hacerlo. La idea es encontrar una combinación que sea acertada para tus papilas gustativas y que, al mismo tiempo, te aporte una gran cantidad de nutrientes y energía.

No tienes que sacrificar el sabor para tener una buena nutrición con los batidos. Esa es su belleza. Puedes mezclar en tu batidora varios alimentos, creando así un superalimento con un sabor delicioso y muy beneficioso para tu organismo. Sigue investigando, hay infinitas combinaciones posibles. En este libro hay más de cien recetas que pueden inspirarte para idear diferentes combinaciones y crear nuevos sabores. ¡Puedes llegar a convertirte en un maestro de tus propios batidos!

Bebe los batidos a tu manera

Tú eres el jefe en todas las áreas de tu vida, y los batidos no tienen por qué ser una excepción. Todo lo que encuentres en este libro, o en cualquier otro, es una simple guía para ayudarte a comenzar. No existe ninguna regla ni ninguna ley que dicte lo espeso o líquido que debe ser un batido, ni tampoco si hay que beberlo con una pajita o utilizar una cuchara. Personalmente, prefiero los batidos espesos y cremosos, y de vez en

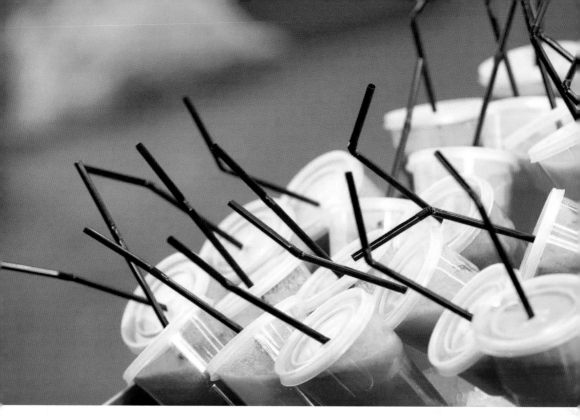

cuando me gusta tomarlos a cucharadas para sentir que estoy «comiendo mi desayuno» en vez de beberlo. Tú eliges la forma de consumir tus batidos. Mi marido y yo hemos hablado muchas veces de este tema. ¿Si lo tomas con cuchara sigue siendo un batido? (¡Yo digo que sí!) Los batidos pueden tener diversas consistencias; por lo tanto, tú decides. Quizás lo bebas con una pajita de cristal o desechable, o prefieras disfrutar de un batido más espeso y lo sirvas en una taza para tomarlo con una cuchara. Son tus batidos y puedes beberlos como más te apetezca.

Si las recetas de este libro producen batidos más espesos de lo que te gustaría, puedes agregarles agua. Puedes añadir hasta media taza de agua a cualquiera de las recetas que te he presentado, prácticamente sin alterar su sabor. Es más, un poco de agua puede mejorar la consistencia y también un sabor excesivamente amargo o dulce. Es una forma rápida y fácil de arreglar cualquier batido que no sabe exactamente como te gustaría.

¿Es realmente tan sencillo?

Crear el hábito saludable de preparar batidos es un proceso simple, rápido y fácil. Puedes divertirte y desarrollar tu creatividad preparando un batido compuesto por quince ingredientes y tantos sabores que en ningún sorbo paladearás el mismo. Y también puedes prepararlo de la forma más simple, especialmente al comienzo.

La simplicidad es una de las razones por las que te inclinarás por los batidos. Todo lo que necesitas para elaborar un batido saludable es un poco de fruta, un puñado de hortalizas y una base líquida. Con esos ingredientes, ya estás listo para empezar.

Para ayudarte a improvisar tu propio batido, a continuación te indico tres ingredientes que se combinan muy bien. Utilízalos para preparar tu primera docena de batidos simples. Recuerda que siempre debes añadir una base líquida:

- Fruta + fruta + hortaliza de hoja
- Fruta + verdura + hortaliza de hoja
- Fruta + hortalizas de hoja + hortaliza de hoja
- Verdura + verdura + hortaliza de hoja
- Verdura + hortalizas de hoja + hortaliza de hoja
- Fruta + fruta + fruta

Yo no utilizaría hortalizas de hoja en todas las ocasiones y, además, añadiría alguna verdura que le diera al batido un sabor dulzón, como zanahoria o tomate.

También se puede agregar un poco de zumo de lima o limón (no lo contaremos como un cuarto ingrediente) y como base líquida usar agua filtrada o tu leche favorita de frutos secos sin azúcar añadido. Si la fruta no está congelada, se puede añadir un poco de hielo.

En cuanto a las proporciones, la siguiente es una estimación aproximada que funciona muy bien: usa la cantidad total indicada o la mitad, dependiendo del tamaño de la fruta o verdura. Por ejemplo, un mango, un aguacate (pequeño) o un plátano. Pero, como es natural, nunca una piña entera. Cuando una fruta contiene más de una ración, debes utilizar como medida una taza de esa fruta. Cuando se trata de hortalizas de hojas, debes medirlas en términos de uno o dos puñados, o dos tazas.

A continuación te muestro algunas excelentes combinaciones de tres elementos con las que se utiliza agua filtrada como base líquida:

Espinacas + plátano + cualquier baya

Espinacas + mango + naranja

Espinacas + aguacate + pera o manzana

Espinacas + perejil + manzana (con un poco de limón o lima)

Espinacas + perejil + piña

Col rizada + plátano + cualquier baya

Col rizada + aguacate + piña (con un pequeño trozo de jengibre)

Acelgas + plátano + naranja

Acelgas + mango + cualquier baya

Acelgas + pepino + tomate (batido salado al que puedes añadir ajo, una pizca de sal marina, lima o limón)

Si te apetece, puedes usar también leche de almendras, o de otro fruto seco, como base líquida para cualquier batido. Me gusta emplear agua en todas las recetas saladas. Aprende a crear recetas cuya base líquida es el agua, pues son batidos que puedes también consumir durante una cura de limpieza y desintoxicación.

Si te cansas de utilizar plátanos como base cremosa dulce, te sugiero reemplazarlos por aguacate, que aportará una textura cremosa al batido, y para endulzarlo añade un puñado de uvas o un par de dátiles deshuesados. Esto alterará ligeramente su sabor de una manera natural. O puedes reemplazar el plátano congelado por mango o papaya congelados, que confieren a los batidos un sabor dulce y una consistencia cremosa. En las recetas también encontrarás copos de avena previamente remojados y mantequillas de frutos secos. Puedes recurrir a estos productos para que tu batido sea más cremoso.

Vas captando la idea, ¿verdad? Investiga y experimenta con recetas simples de tres ingredientes hasta que conozcas el resultado de esas combinaciones. Luego puedes empezar a añadir más productos para preparar otros brebajes diferentes y deliciosos.

Cinco razones convincentes para simplificar la preparación de batidos

1. Las frutas y verduras frescas en forma de batido son más fáciles de digerir.
2. Los alimentos frescos y naturales (es decir, los que no vienen embotellados ni en polvo) son los que tienen mayor valor nutricional.
3. La opción más económica es utilizar exclusivamente fruta y verdura.
4. Los batidos más simples son la comida más rápida que puedes tomar.
5. Los batidos de frutas y verduras biológicas crudas estimulan tus papilas gustativas.

Existe la opción de preparar batidos más complejos y divertidos añadiendo frutos secos, semillas, mantequillas de frutos secos, proteínas en polvo, superalimentos, frutas deshidratadas sin endulzar y suplementos para potenciar la nutrición y la sensación de saciedad que procura el batido. Esto, evidentemente, no es obligatorio y dependerá de lo que te apetezca o lo que necesites en un momento determinado.

¿Cuándo debes agregar otros tipos de productos y cuándo optar por un batido simple? Una mezcla de frutas, verduras y hortalizas de hojas frescas y biológicas es el mejor superalimento; pero si sientes que necesitas algo más sustancioso, puedes añadir ingredientes adicionales.

Mi consejo es que prepares recetas simples, especialmente ahora que estás familiarizándote con el mundo de los batidos, las hortalizas de hoja o nuevas combinaciones que nunca has probado. Mi estómago es bastante sensible y en muchas ocasiones he tenido dolor de estómago durante horas tras tomar un batido. No tenía la menor idea de cuál de los ingredientes podía ser el responsable de mi malestar porque había mezclado muchos diferentes, pero es muy probable que el producto resultante fuera demasiado fuerte para mi aparato digestivo. Añadir mucha grasa procedente de frutos secos y de ácidos grasos omega 3 a un batido verde puede afectar a la digestión, causar hinchazón y gases e incluso alterar tu nivel de azúcar en sangre. Por lo tanto, utiliza estos ingredientes con moderación.

Obtengo los mejores resultados cuando preparo batidos simples. Te recomiendo hacer lo mismo al principio y utilizar únicamente entre tres y cinco ingredientes, además de la base líquida. Cuanto más simple, mejor, especialmente al comienzo. No es necesario que añadas más proteínas o nutrientes a tus comidas. La naturaleza nos proporciona la cantidad adecuada de nutrientes en forma de frutas y verduras. Si ingieres una cantidad suficiente de calorías diarias, no necesitas «realzar» artificialmente tus batidos verdes.

Existen también algunas buenas razones para preparar batidos más complejos, pero siempre de forma gradual. Una vez que domines los ingredientes de un batido simple y sepas cuáles combinan bien, sean beneficiosos para tu cuerpo y además te gusten, podrás empezar a agregar nuevos ingredientes. Existen tres razones por las que podrías añadir superalimentos y especias a tu batido:

1. Agrega proteínas, grasas e ingredientes muy calóricos a tu batido si quieres reemplazar una comida y mantener lleno tu estómago durante más tiempo.

2. Si deseas «ocultar» los suplementos que tomas a diario (como, por ejemplo, ácidos omega 3 o vitaminas) porque no los obtienes de tu dieta regular.

3. Si quieres que tu batido sea más sabroso y, además, entretenerte creando nuevas recetas con superalimentos.

Si tienes prisa y estás preparando un batido para tomar como un rápido tentempié, y no como sustituto de una comida completa, no elabores un batido complicado. Asegúrate de obtener suficientes calorías, grasas y proteínas del resto de tu dieta para no depender completamente del batido. En cambio, si pretendes que reemplace una comida y vas a pasar varias horas sin volver a ingerir ningún alimento, es conveniente añadir proteínas, algunas grasas saludables y otros nutrientes para que te sirva como una comida completa.

Desarrollar el hábito de tomar batidos

La salud y el conocimiento son las dos grandes bendiciones de la vida.

PROVERBIO GRIEGO

Un hábito saludable es algo que haces de manera regular porque contribuye a que te sientas bien y te ofrece muchos beneficios. Desarrollar el hábito de preparar batidos no es diferente a otros hábitos. Consigue hacerte sentir realmente bien y, además, disfrutar de los diversos beneficios que ya he mencionado. Los batidos te ayudarán a desintoxicar y limpiar tu organismo, conseguir tu peso ideal, regular tus malos hábitos alimentarios, sentirte a gusto con tu cuerpo y sexi, potenciar tu energía natural, fortalecer tu sistema inmunitario para protegerte de los resfriados y de la gripe y aprender a hacer cambios positivos en tu vida comenzando por donde más importa: tu cuerpo, tu templo.

La regla más básica y eficaz para consolidar un hábito es empezar por lo más simple pero, eso sí, empezar ahora mismo.

Y empezar es a menudo el paso más difícil. Pensamos en hacer un cambio y luego le damos vueltas y vueltas, y nos lo pensamos demasiado antes de ponerlo en práctica. Solo debes proponerte preparar un batido verde cada día a partir del lunes próximo. Es posible que este reto no resulte tan sencillo, lo sé muy bien. Por eso en esta sección quiero ayudarte a organizar minidietas hasta que tus saludables batidos verdes se hayan convertido en un hábito diario.

Tienes la opción de considerar que un hábito relacionado con la salud es algo que hay que hacer de una vez por todas para sacárselo de encima o, por el contrario, verlo como un viaje, una experiencia, un camino a través del cual llegarás a saber un poco más sobre tu propia persona, que te permitirá conocer tus gustos y tus tolerancias, y descubrir en qué medida estás dispuesto a explorar nuevos horizontes y dejar que el proceso te convierta en una mejor versión de ti mismo. Te aconsejo que te tomes seriamente tu viaje con los batidos saludables y que consideres una misión incorporar este hábito tan saludable en tu vida. Será extraordinariamente beneficioso para tu cuerpo.

Una indicación para conseguir una buena mezcla de recetas para empezar a desarrollar tu hábito es la combinación 4x4x4: cada mes, identifica doce recetas diferentes de batidos hechas con una combinación de cuatro clases de hortalizas de hoja, cuatro tipos de verduras y cuatro frutas distintas. Además, elige productos que contengan algunas grasas saludables como las que se encuentran en el aguacate, las semillas de lino molidas o las semillas de chía. Esto favorecerá que la compra sea un trámite fácil, que consigas todos los ingredientes sin agobiarte, que adquieras una variedad suficiente de verduras para alternarlas y obtener así una excelente nutrición general y, por último, que improvises batidos con sabores diferentes. A medida que vayas probando las recetas que presento en este libro, puedes marcar las que más te gusten y seguir esos criterios.

Estas son mis combinaciones 4x4x4 favoritas:

Cuatro verduras:

Apio	Brócoli
Aguacate	Pepino

Cuatro hortalizas de hoja:

Espinacas	Perejil
Col rizada	Acelgas

Cuatro frutas:

- Naranja
- Plátano
- Bayas (de cualquier tipo)
- Pera

Yo elegiría una verdura, una hortaliza de hoja y hasta dos piezas de fruta para cada receta. Puedes omitir una verdura o una hortaliza de hoja, aunque es aconsejable que tu batido contenga al menos una de ellas. Si al principio prefieres que sea solo de frutas, elige tres o cuatro diferentes.

Por ejemplo, aquí tienes algunas recetas de muestra que respetan la combinación 4x4x4:

Receta 1:

1 tallo de apio, 1 taza de espinacas, 1 naranja, 1 taza de bayas

Receta 2:

½ aguacate, 2 hojas grandes de col rizada (sin tallo), una naranja (sin piel), ½ plátano

Receta 3:

1 pepino, 1 puñado de perejil, ½ pera, 1 plátano congelado

Después de elegir tu combinación 4x4x4, puedes crear docenas

de recetas. No obstante, lo único que necesitas para tu primer mes es una docena. Elige esas doce recetas y recuerda que debes alternarlas. Por ejemplo, la primera semana puedes preparar las recetas 1, 2 y 3; la segunda semana, las recetas 4, 5 y 6; la tercera semana, las recetas 7, 8 y 9, y la cuarta semana, las recetas 10, 11 y 12. Cada semana, puedes jugar con tres recetas; y si una semana preparas más de tres batidos, puedes hacer la misma receta dos veces. Esto simplificará enormemente la compra de los ingredientes sin afectar a la variedad de productos que vas a utilizar. Por otra parte, te ayudará a crear un método para desarrollar tu hábito y además a pasártelo muy bien.

Cómo beber tu batido

Tómate tu tiempo para consumir el batido en vez de tragarlo en treinta segundos. Disfruta de cada sorbo. Llévalo al trabajo (a tu escritorio si trabajas en casa) o disfrútalo mientras te desplazas cada día de casa al trabajo y consúmelo lentamente deleitándote con cada pequeño sorbo. ¡Y no te olvides de que estás haciéndole un enorme bien a tu cuerpo! De esta forma, te sentirás bien y satisfecho sin llenar muy rápidamente tu estómago.

¿Deberías sobrevivir solamente a base de batidos?

Definitivamente, no. No deberías abandonar los alimentos sólidos de forma permanente y consumir solo batidos. Aquí la idea no es reemplazar las comidas, más allá de lo entusiasmado que estés con ellos. Tu organismo necesita una nutrición variada y debes ingerir alimentos sólidos para mantener las mandíbulas fuertes y los dientes en condiciones mediante el acto regular de masticar, y también para que tu sistema digestivo funcione adecuadamente.

Aunque los batidos verdes pueden ser un maravilloso aporte nutricional para tu salud, están muy lejos de cubrir todas las necesidades de tu organismo. En vez de renunciar a consumir otros alimentos y arriesgarte a estar mal alimentado sin ninguna razón, es mejor que te plantees el objetivo de tomar más conciencia de lo que introduces en tu cuerpo. Los batidos te ayudan a controlar tus antojos y afinar tus papilas gustativas. Estas bebidas ricas en nutrientes te abren las puertas para mejorar tu salud y consumir una mayor cantidad de alimentos crudos. Te ayudan a calmar la tentación de consumir azúcares procesados, mostrándote una forma mejor de comer alimentos dulces. También abren tu mente a un mundo de nuevos sabores que no habías probado jamás. Nuevas frutas, nuevas verduras, nuevas hortalizas de hoja, nuevas hierbas aromáticas y otros superalimentos. Tu paladar se deleitará con estos productos frescos; no puede haber una forma mejor de deshacerse de hábitos alimentarios nocivos y empezar a consumir alimentos integrales y sin procesar, que son muy saludables.

Los beneficios que puedes conseguir al añadir batidos a tu dieta son mucho mayores que cualquier otro que puedas obtener consumiendo únicamente batidos durante todo el día.

¿Con qué frecuencia deberías preparar un batido?

Al principio, bastará con un batido diario tres veces por semana; mucho mejor si lo tomas cuatro o cinco veces por semana. Esta es una buena forma de propiciar tu régimen de batidos y encontrar tu propio ritmo. Puedes elegir cualquier batido saludable, sea verde o no, pero debes ser constante. Es mejor mantener el ritmo de tres veces por semana durante dos meses que preparar tres

batidos la primera semana y luego no volver a tocar la batidora durante las dos semanas siguientes. La constancia es tu amiga y el modo de afinar tus papilas gustativas, desarrollar el hábito y conseguir que los batidos formen parte de tu dieta regular.

Por ejemplo, si bebes regularmente batidos a las tres de la tarde para que formen parte de tu dieta diaria, llegarás a esperar con ansia el momento de tomarlos y, gracias a tu perseverancia, quizás lleguen incluso a reemplazar la taza de café con galletas que sueles tomar sobre las cinco. Tu reloj corporal comienza a susurrar: «Prepárame un batido a las tres de la tarde, por favor» en vez de: «Necesito una taza de café ahora mismo o me derrumbo». Pero cuando no tienes la constancia suficiente para crear el hábito (que requiere unas cuatro semanas como media), interrumpes el ciclo y confundes a tu cuerpo con señales contradictorias. Si no eres capaz de construir una base sólida para tu nuevo hábito, puedes volver fácilmente a tus antiguas costumbres. Pero si perseveras y mantienes tu compromiso entre uno y dos meses, tu cuerpo se olvidará de los «alimentos basura» y estará esperando el momento del batido, y su sabor dulce será perfecto para tu «subidón de azúcar» vespertino.

Me gusta pensar en mí misma como una gran cebolla dulce. Cada viaje que emprendo para mejorar mi salud me ayuda a quitarme una capa y acercarme más al núcleo, a mi verdadero ser. Siempre que hago una cura de desintoxicación o empiezo a cuidarme mejor, siento que me deshago de mi vieja piel y la repongo con una piel nueva y fresca. Esta imagen me ayuda a centrarme en las razones que sostienen el hábito. Tienes toda la libertad para utilizar mis imágenes pero también puedes crear imágenes propias asociadas a tu estado actual y a los objetivos que deseas conseguir a lo largo de este viaje. La idea es que te resulte fácil recordar por qué estás haciéndolo, qué es lo que te puede aportar y por qué es tan importante seguir desarrollando el hábito de tomar batidos, tal como harías con el de usar seda dental o cepillarte el pelo. ¡Antes de que te des cuenta, se convertirá en un ritual diario!

Desafíos que hay que afrontar mientras se crea el hábito de consumir batidos

A continuación, te propongo la siguiente serie de desafíos con el fin de ayudarte a incorporar en tu vida el hábito de tomar batidos. Esto no es lo mismo que la dieta de desintoxicación de la que te hablé en el capítulo anterior; en este caso se trata de desarrollar el hábito de preparar batidos y convertirlo en tu estilo de vida. Como resultado, puedes disfrutar de algunos beneficios asociados a la desintoxicación, aunque ese no es el objetivo principal.

Si quieres incorporar los batidos en tu vida lentamente, acepta estos retos. El desafío será importante si tienes una vida realmente ajetreada y un montón de compromisos que requieren comer con otras personas y pasar poco tiempo en tu cocina:

- Reemplazar el desayuno por un batido o beberlo como aperitivo durante tres días.
- Descansar de los batidos uno o dos días como mínimo, y una semana como máximo.
- Sustituir una comida con un batido durante siete días.
- De nuevo, descansar de los batidos uno o dos días como mínimo, y una semana como máximo.
- Tomar un batido al día como mínimo y hasta dos diarios durante veintiún días.

Cada batido debe tener entre 300 y 350 ml, pero también puedes tomar más cantidad. Al empezar este desafío no debes ingerir más de 700 ml diarios. Cuando termines los retos, no podrás pasar un solo día sin tomar un batido. Si fallas un día, sigue adelante sin culpabilizarte. Lo importante es seguir adelante y perseverar en tu propósito de desarrollar este hábito para toda la vida.

Si te gustan las emociones intensas y no puedes esperar para poner en marcha tu hábito de tomar batidos, duplica la duración de los días indicada en el desafío anterior y haz descansos más cortos. El próximo desafío es más intenso y te ofrece la oportunidad de probar una gran variedad de recetas, sustituir una de las comidas diarias por un batido y conseguir que tu cuerpo se acostumbre a la idea de consumir un batido cada día:

- Reemplazar el desayuno por un batido o beberlo como aperitivo durante siete días.
- Descansar de los batidos uno o dos días.
- Sustituir una comida con un batido y tomar hasta dos batidos diarios durante catorce días.
- De nuevo, descansar de los batidos uno o dos días.
- Tomar, como mínimo, un batido al día y hasta dos diarios durante veintiún días.

Al finalizar esta serie de desafíos que te planteo, tendrías que estar enganchado a los batidos y tu cuerpo debería echarlos de menos si pasas un solo día sin prepararlos. La forma de desarrollar hábitos es fomentar el deseo de que formen parte de tu vida en vez de recurrir a la autodisciplina o al castigo para conseguir lo que te propones. ¡Disfruta del proceso!

PROTAGONISMO DE UNA AMANTE DE LOS BATIDOS
Jennifer Thompson

**Receta favorita: batido verde para potenciar el sistema inmunitario
(2 raciones)**

1 puñado de espinacas frescas
1 puñado de perejil fresco
1 plátano
1 manzana
1 cucharada de semillas de lino molidas
1 cucharada de espirulina en polvo
Zumo de un limón
1 trozo pequeño de jengibre fresco
1 pizca de canela biológica molida
2 tazas de agua

El viaje de Jennifer con los batidos verdes comenzó hace muchos años. En aquella época, ya llevaba una dieta de alimentos crudos y bebía zumos frescos, pero no preparaba batidos, y mucho menos batidos verdes. Después de oír hablar con frecuencia de ellos, pensó: «¿Será posible que estos brebajes de color verde tengan buen sabor?» y decidió probarlos. Compró un poco de fruta y hortalizas de hoja y preparó su primer batido verde. Ese día sus niveles de energía se dispararon. Al día siguiente, se dio cuenta de que corría mucho más rápido, y en el transcurso de una semana durante la cual tomó un batido verde diario, observó que su piel se aclaraba y rejuvenecía y que el blanco de sus ojos era más brillante. Todas las personas que la conocían le comentaban que tenía un aspecto fantástico y le preguntaban si estaba haciendo un ayuno de zumos. Ella respondía: «No, simplemente estoy bebiendo un batido verde cada día». Seis meses más tarde, comenzó a dar clases de batidos en su propia cocina y siete años después creó su primer DVD, *Green Smoothie Power* (*El poder de los batidos verdes*). En esa época aprendió que, aunque no tengas la intención de introducir otros cambios en tu dieta o en tu estilo de vida, puedes sentirte mucho mejor por el mero hecho de tomar cada día un batido verde. ¡Todo reside en el poder de las hortalizas!

Jennifer es una iridióloga cualificada, con certificado de la Asociación Internacional de Psicoterapia Integrativa. Hace lecturas de iris y trabaja como *coach* en el ámbito de los alimentos crudos. Coordina talleres sobre alimentos crudos y vida sana, ofrece apoyo para curas de limpieza y ayunos y da conferencias motivacionales para educar e inspirar a otras personas en su propio viaje de sanación. Puedes conocer un poco más sobre ella en www.healthybliss.net.

PALABRAS FINALES Y LOS MEJORES DESEOS PARA LA COMBINACIÓN DE INGREDIENTES

La verdadera riqueza es la salud y no los lingotes de oro y plata.

MAHATMA GANDHI

Empecé a escribir este libro con una idea muy simple: cómo enamorarse de las frutas, hortalizas de hoja, verduras y batidos verdes. Quiero acabarlo con esa misma observación porque amar los alimentos que le ofreces a tu cuerpo es la manera más fácil, y la mejor, de mantener un hábito sano durante toda la vida.

Cualquier paso que des (empezando mañana mismo) para desarrollar tu hábito de consumir batidos es importante. Preparar tu cocina es el primer paso. El segundo, comprar la batidora adecuada. Y los dos siguientes, prepararte mental y emocionalmente, y anunciar a tu familia el cambio que estás dispuesto a hacer. El hecho de que tus familiares se apunten o no a tu decisión no es tan importante como que tú empieces a ponerla en práctica. En lugar de forzarlos a beber un vaso de brebaje verde con el argumento de que «¡es bueno para ti!», conviértete en el modelo que pronto querrán imitar. Una invitación sutil es siempre más convincente. Si realmente deseas que tu familia se suba al carro de los batidos, déjalos conducir. Tú puedes ayudarlos a preparar una receta divertida y reconocer su mérito. Si consigues que parezca que la idea surgió de ellos, pronto os estimularéis mutuamente para que los batidos lleguen a ser una parte no negociable de vuestro estilo de vida.

Lo más importante que se debe tener en cuenta es experimentar y estar abierto a nuevos sabores. Si no te gusta una fruta o verdura en particular, no la descartes. Por el contrario, considera la posibilidad de añadirla a algún batido. Es probable que ni siquiera notes su sabor o te sorprendas al descubrir que en el batido sabe totalmente diferente. Si tienes ciertas reservas respecto de una hortaliza de hoja que nunca has probado, al comienzo utilízala con moderación. De este modo, no solo no desaprovecharás productos sino que además descubrirás cómo saben esas nuevas hortalizas cuando están mezcladas con otros ingredientes. Deja volar tu creatividad una vez que conozcas las normas básicas para preparar batidos. En este libro presento una gran variedad de alimentos con los que puedes jugar; debes saber que de ninguna manera he utilizado todas las frutas, verduras, frutos secos, semillas y hortalizas de hoja que se pueden incluir en un batido. En poco tiempo le estarás enseñando a otra persona a preparar el batido verde perfecto basándote en tu propia práctica.

¿Y dónde interviene el amor? Acaso adviertas su presencia mientras lees esta sección. Si no es así, hay algo maravilloso que te estás perdiendo y a lo que deberías aspirar. Cuando bebas batidos saludables, especialmente batidos verdes, comenzarás a notar un cambio en tu relación con la comida. Mirarás el apio, las espinacas y las manzanas de una forma diferente. Te relacionarás con el perejil y ya nunca verás los plátanos y los aguacates de la misma manera. Te enamorarás, te lo aseguro.

Casi sin darte cuenta estarás pensando en recetas o en congelar las nuevas frutas que has elegido para tu próximo batido y preguntándote qué sabor tendrá si añades este o aquel ingrediente en la batidora. Pasarás los días pensando qué productos incluir en un vaso de batido para que contenga todos los nutrientes que necesitas y echarás mano de la batidora tan pronto como sientas que estás a punto de agarrar un resfriado o la gripe, porque conoces la magia de combatirlos con estos maravillosos alimentos integrales que siempre están a tu alcance.

Y lo más importante, aprenderás a estar en armonía con tu cuerpo, escuchar tus verdaderos deseos e identificar cuándo tus ganas de comer ciertos alimentos responden a problemas emocionales y cuándo son reales. Cuando esto suceda, tendrás las riendas de tu salud, tu cuerpo y tu hermoso futuro en tus manos. Cuando esto suceda, sentirás el poder del amor.

ÍNDICE DE RECETAS

AGRADECIMIENTOS Y RECURSOS

Deseo agradecer la generosidad de las siguientes empresas por haberme ofrecido muestras para probar en mis batidos y por su misión de ayudar a crear un mundo más limpio y más sano para todos a través de una mejor nutrición.

Recursos

Standard Process
www.standardprocess.com

Vega
www.myvega.com

Amazing Grass
www.amazinggrass.com

PlantFusion
www.plantfusion.net

Sunwarrior
www.sunwarrior.com

Onnit
www.onnit.com

Miessence
www.miessence.com

Raw Power
www.rawpower.com

Manitoba Harvest
www.manitobaharvest.com

Living Harvest
www.livingharvest.com

Navitas Naturals
www.navitasnaturals.com

Green Life Foods
www.greenlifefoods.net

Nutrex Hawaii
www.nutrex-hawaii.com

ÍNDICE TEMÁTICO

ÍNDICE